독배와 행복

장세익

독배와 행복

철학하는 삶을 살다

느티나무책방

추천의 글

이 책은 전문 학술서로서의 철학책은 아니다. 그렇다고 요즘 세간에 범람하는 인문학 교양서처럼 마음의 힐링이나 처세술을 다루는 교양 철학서도 아니다. 즉 이 책은 새로운 철학적 주장을 시도하는 책도 아니고, 그렇다고 가볍게 신문 읽듯이 접할 수 있는 책도 아니다. 그렇지만 이 책은 저자의 지적인 여정 속에서 경험하고 사유한 앎과 고민이 녹아 있는, 그래서 일상인들이 철학에 보다 한 발자국 다가갈 수 있는 마중물과 같은 책이다. 이 책에서 다루고 있는 소크라테스의 죽음과 그로부터 비롯된 지식과 정의의 문제, 민주주의 문제, 영혼 불멸의 문제, 진리와 의심 그리고 신에 관한 문제들이 저자의 진지한 철학적 사유를 통해 전개되기 때문이다. 서양 철학사에서 소크라테스는 마치 '신성한 소(sacred cow)'와 같은 존재로 평가되는 최고의 철학자로 여겨진다. 소크라테스가 없는 플라톤과 아리스토텔레스를 생각할 수 없다는 점에서도 그렇다. 그런데 소크라테스와 같은 위대한 철학자가 기원전 399년에 아테네 민주주의 법정에서 유죄를 선고받고 독약을 마시고 죽었다는 사실은 아이러니한 역사적 사건이 아닐 수 없다. 이 책은 이러한 소크라테스의 재판과 죽음의 문제를 중심에 놓고 그의 지식론, 정의관, 민주주의관 그리고 영혼불멸설을 찬찬히 논리적으로 검토하고 있다. 그리고 그러한 철학적 주제들을 통해 우리가 살아가는 삶의 의미와 공동체의 가치에 관해 말하고 있다.

이 책이 기존에 나와 있는 많은 철학서나 인문서와 다른 의미가 있는 점은 저자의 특별한 인생 행적과 관련된다. 저자는 대학교 학부에서 경영학을 공부하고 일찍이 경영인으로서의 삶을 살아왔다. 그리고 쉰 언저리 나이에 대학원 철학과에 입학하여 이성을 통해 진리를 추구하는 관조적 삶의 길을 걷기 시작했다. 처음에는 고대 그리스와 로마의 귀족 계급이 그러했던 것처럼, 철학을 여가 시간에 즐기는 단순한 삶의 장식품 정도로 생각하는 것이겠지 했다. 경영인으로서의 삶을 성공적으로 이룬 후 관조적 삶을 향유하기 위한 잠깐의 외도로 생각한 것이다. 그래서 학부에서 철학을 전공하지 않은 사람들이 대부분 그런 것처럼 중도에 포기하거나 기껏해야 석사 과정 수료하는 데서 만족할 것으로 생각했다. 그런데 적지 않은 나이에 이삼십대 젊은 학생들과 똑같이 철학 원전 강독 준비와 난해한 철학 논문들을 발제, 발표하면서 모든 과정을 이수했다. 더 나아가 저자는 어려운 종합 시험을 모두 합격하고 까다롭다는 고대 희랍어 과정도 끝냈으며 석사 논문을 쓰고 무사히 학위를 마쳤다.

저자의 삶이 말해 주는 것처럼 이 책은 저자가 만학도로서 철학을 공부하면서 경험한 지적인 즐거움과 철학적 아포리아(aporia)에 관해 고민한 문제의식이 오롯이 반영되어 있다. 나는 이 책을 읽으면서 그러한 저자의 철학에 대한 열정과 진정성 그리고 삶에 대한 진지함을 느낄 수 있었다. 이 책은 호모 에코노미쿠스(homo eco-nomicus), 즉 경제인이던 저자가 어떻게 호모 필로소피쿠스(homo philosophicus), 즉 철학자가 될 수 있는지 그래서 세상을 보는 영혼의 전회가 어떻게 가능한지를 보여 준다. 철학의 세계로 독자들을 초대하는 이 책을 권하는 이유이다.

고려대학교 문과대학 철학과 교수 손병석

들어가는 글

86세대는 1960년대에 태어나서 1980년대 군사 정부 시절 민주화 운동을 경험한 세대를 가리킨다. 86세대가 대부분 그렇듯이 나도 대학 시절에는 민주주의와 사회 정의에 대해 많은 고민을 할 수밖에 없었다. 학생 본연의 공부에 전념하기 힘들었다. 그렇다고 만사 제쳐두고 학생 운동에 매진하기도 쉽지 않았다. 솔직히 말하면 시골의 가난한 부모님 얼굴이 항상 어른거렸기 때문이다. 명문 대학에 들어갔으니 장차 크게 되겠지 하는 부모님의 기대를 쉽게 저버릴 수 없었다. 개인적 효도와 독재의 불의에 맞서는 정의감이 극명하게 부딪히는 형국이었다. 불행히도 나는 용기와 결단력이 부족해 어느 쪽도 쉽게 선택할 수 없는 어정쩡한 행보를 할 수밖에 없었다. 어리석은 방황으로 황금 같은 대학 시절을 흘려보낸 것이다.

시간이 흘러 대학을 졸업하고 제2금융권인 리스 회사에 들어갔다. 1990년대는 고금리 시대였으므로 리스 대출 사업은 땅 짚고 헤엄치기였다. 그러나 1997년 외환 위기가 터지고 리스 회사는 거의 망하기 직전이었다. 나는 리스 회사를 그만두고 벤처 기업으로 옮겼다. 벤처 기업에서 실질적인 경영 원리와 기법을 많이 배웠다. 기업의 재무 담당 임원 또는 경영자로 일하면서 회사 설립부터 운영까지 모든 과정의 실무와 노하우를 습득하였다. 기업 인수 합병을 통하여 기업 가치를 업그레이드하는 실력도 갖추었다. 기업이 잘되고 돈을 벌 수 있으면 뭐든지 해야 한다고 생각했다. 왜냐하면 기업은 돈을 버는 것을 목적으로 설립된 조직이기 때문이다. 그리고 넉넉지 않은 집안에서 태어난 내 입장에서는 빨리 돈을 벌어 재정적으로 안정되고 싶은 욕망이 강했다.

그러나 돌이켜 보면 회사 일을 하면서 불편하게 느끼는 내적 갈등이 있었던 것 같다. 그것은 옳고 그름의 가치 판단이 명확하지 않거나 이해관계의 충돌이 일어나는 것이었다. 윗사람의 터무니없고 불법적인 지시나 잘못된 회사 정책에 순종해야 하는지 결정하기 쉽지 않았다. 또 개인과 회사 그리고 회사와 국가의 이해관계가 충돌하는 경우 어느 쪽을 우선시해야 하는지 판단이 어려웠다. 특히 회사의 이익과 국가의 이익이 충돌하는 경우가 문제이다. 회사의 실익과 발전을 위해 반드시 완수해야 할 일이 있는데 이를 실행하려면 일정 부분 법 위반이나 국가의 손해를 유발하지 않을 수 없는 경우가 있다. 회사의 급박한 운명 앞에서 국가의 이익을 고려할 여유가 있을지 의문이다. 사실 현실에서는 개인이나 회사의 이익이 우선시되는 경우가 많다. 그러나 되돌아서 숙고해 보면 사회 공동체인 국가에 해를 끼치면서 회사의 이익을 도모해야 하는지 고민이 생기지 않을 수 없다. 이는 대학 시절 사회를 위한 민주화 운동과 부모님의 기대를 충족시켜야 하는 개인적 소망 사이에서 고민하던 나의 과거 모습이 묘하게 반복되는 느낌을 준다. 공동체 정의와 사적(私的)인 정의가 정면으로 충돌하는 현실이라 할 수 있다.

이러한 현실에서 부딪히는 가치 판단의 문제와 더불어 본질과 존재에 대한 철학적 질문이 나를 괴롭혔다. 언젠가는 이러한 질문과 문제에 정면으로 부딪혀 보고 싶은 바람이 있었다.

약 23년 동안 금융과 벤처에서 근무한 후 나는 과감히 회사 생활을 때려치우기로 결심했다. 가끔 나를 괴롭혔던 철학적 질문이나 가치관의 문제에 대해 철학자들은 도대체 어떻게 접근하고 연구하는지 알고 싶었다. 철학자들의 사유하는 방식이 궁금했고 본질에 대한 근원적인 해답을 어떻게 설명하고 있는지 궁금했다. 내가 회사를 관두고 철학에 입문하게 된 또 다른 근본적인 이유는 어려서부터 사물에 대해 본질적 사유와 접근을 좋아하는 성향 때문인 것 같다. 청소년 시절에 철학자의 유명한 말들이 마음에 와닿아 외우고 다녔던 기억이 난다. 그리고 어린 나에게 항상 신비롭고 궁금했던 사항은 존재와 시간의 문제였다. 세상에 존재하는 것은 왜 있게 되었으며 시간의 시작은 언제이고 끝은 언제인지 궁금했다. 물론 현대 물리학에 의해 절대적 시간은 없으며 시간은 공간에 종속적인 것으로 밝혀지면서 시간에 대한 궁금증은 많이 해결되었다.

나이 쉰에 공부에 전념하기 위해 회사를 스스로 그만두겠다는 결정은 현실적으로 쉽지 않았다. 그것도 돈벌이와는 전혀 상관없는 철학 공부였으니 말이다. 경제적 풍요로움도 세속적 출세도 모두 포기해야 했다. 공부를 하겠다는 결정을 하는 데는 3년간의 고심의 세월이 필요했고, 결정하고 나서는 가족을 설득하는 단계가 남아 있었다. 다행히도 집사람은 앞뒤 재지 않고 남편만 믿는다며 흔쾌히 찬성해 주었다.

대학 공부는 만만치 않았지만, 새로운 지식을 깨우쳤을 때의 즐거움은 공부를 계속하는데 큰 힘이 되었다. 내가 전혀 몰랐던 진리를 알게 되었을 때의 기쁨과 궁금했거나 잘못 알고 있었던 내용이 명확하게 파악되었을 때의 희열은 어느 것에도 비할 바가 못 되었다. 열공의 고통 뒤에 하나씩 얻게 되는 지식은 그야말로 아리스토텔레스가 말하는 관조적 활동의 진수나 다름이 없었다.

철학 공부를 하면 할수록 근본과 존재에 대해 홀로 사고하는 시간이 많아졌다. 나는 매일 저녁식사 후 두 시간이 지난 9시 반에 50분 정도 산책을 한다. 이 저녁 산책 시간이 생각에 몰두하기에 가장 좋은 때이다. 걸으면 뇌가 자극돼서 그런지 생각도 잘 되는 것 같다. 생각에 생각을 계속 이어가다 보면 50분이 금세 지나간다. 칸트나 하이데거 등 여러 철학자들이 산책을 즐겨하는 이유를 알 것 같다.

저녁 산책을 마치고 10시 반경에 집에 오면 곧바로 책상 앞에 앉아 생각들을 글로 정리했다. 철학 공부를 하면서 새로운 지식을 얻은 기쁨과 스스로 사색한 결과물을 놓치기 싫었기 때문이다. 생각을 글로 표현하는 것이 결코 쉬운 작업은 아니었지만 생각을 글로 옮겨 놓으면 속이 후련해지는 느낌이 들었다. 넘치는 생각을 글로 쏟아내야 속이 후련해지고 홀가분해진다는 어느 작가의 말이 생각난다. 또 생각을 글로 적으면 자신의 생각이 훨씬 정확해지고 논리적으로 정리된다는 장점이 있다. 그래서 글로 표현할 수 없는 생각은 설익은 생각이고 제대로 된 생각이 아닐 수도 있다. 3~4년에 걸쳐 이런 글 쓰는 작업은 계속되었다. 사유 즉 철학하는 삶이란 실질적으로 생각하고 글 쓰는 것으로 요약될 수 있을 것 같다. 이 책은 그러한 작업의 결과물이다.

이 책의 목적은 철학 지식이나 이론을 전달하려는 것이 아니다. 시원한 결론을 도출하려는 목적은 더욱 아니다. 다만 우리가 삶의 목적이라고 말하는 행복과 그 행복을 이루기 위한 전제 조건인 정의, 이에 대한 생각의 출발점이 되는 철학의 세계를 살펴보고자 함이다. 그래서 철학자의 이론이나 주장의 참뜻을 현실감 있고 알기 쉽게 소개함으로써 일반인도 쉽게 철학적 생각에 다가갈 수 있도록 배려했다. 사실 위대한 철학자의 생각도 기저에 깔린 근본 생각을 파헤쳐 보면 쉽게 공감할 수 있는 부분이 많다. 이것은 인간이면 누구나 생각을 할 수 있고 철학을 할 수 있음을 보여 준다. 그리고 책의 전체 흐름에서 생각에 생각이 꼬리를 물고 전개되는 방식을 따라가다 보면 철학이라는 생각의 영역이 낯설게 느껴지지 않을 것이다.

생각에 대한 논의는 소크라테스의 죽음에서 출발한다. 소크라테스의 죽음은 우리에게 많은 생각거리를 제공한다. 그의 죽음이 신비롭기 때문이 아니라, 법적 · 정치적 논란과 철학적 의미를 함축하고 있기 때문이다. 1장 '소크라테스의 죽음과 지식'에서 소크라테스의 죽음에 대한 이유를 따져 보고 그의 죽음이 우리에게 던지는 생각의 덩어리를 해석해 본다. 이를 통해 소크라테스의 죽음은 그의 철학적 사상을 극단적으로 축약하고 있음을 알게 될 것이다. 2장 '사유의 딜레마'에서는 인간만이 할 수 있는 생각이라는 것에 대해서 분석한다. 생각의 본질은 무엇인지 나아가 철학적 사유는 인간과 어떤 필연적 관계를 갖는지 알아본다. 그리고 인간의 위대한 생각은 진리와 신 등의 어려운 주제에 대해 어떻게 접근하고 발전시키는지 3장 '진리와 의심'과 4장 '신의 의미'에서 소개하는 철학자들의 이론을 통해 살펴볼 수 있다.

책을 세상에 내놓기까지 많은 분들의 도움을 받았다. 필자는 책의 일부 내용을 주제로 소모임에서 강의를 몇 번 한 적이 있는데, 참석자들의 긍정적 반응이 나에게 큰 힘이 되었다. 강의 내용이 철학적 주제지만 쉽고 재미있다는 반응이었다. 그리고 책을 써 보라는 적극적 조언도 있었고 더 나아가 책을 쓸 때 되도록 쉽고 분량은 길지 않게 하라고 구체적인 당부를 하는 사람도 있었다. 이 자리를 빌어 모임의 모든 참석자에게 감사드린다.

무엇보다도 이 책이 나오기까지 스승인 손병석 교수님의 도움이 매우 컸다. 아직 영글지도 않은 설익은 생각을 너무 빨리 세상에 내놓는 것이 아닌가 하고 망설일 때 나에게 용기를 주셨다. 한 권의 책으로 내놓을 만한 내용은 되는지 또 그 내용은 철학적 이론에 부합하는지 전반적으로 점검해 주셨다. 그리고 추천의 글도 흔쾌히 써 주셨다. 깊이 감사드린다.

이 책이 나오게끔 나에게 용기를 준 사람이 또 있다. 원고를 꼼꼼히 읽으면서 오타와 내용에 대해 일일이 지적해 준 절친 강금구 대사에게 감사드린다. 그는 타국에서 한국의 국익과 위상을 위해 많은 공을 세운 외교관으로서 평소 철학 책을 즐겨 읽는 지식인이다. 바쁜 외교 일정에도 불구하고 주말을 이용해 원고를 정성들여 읽고 점검해 주었다.

책이 완성되기까지 가족들의 응원이 큰 힘이 되었다. 하루 종일 내 서재에 틀어박혀 있어도 불평 한마디 없이 묵묵히 응원해 주었다. 아내는 원고를 최초로 읽은 사람이며 일반인이 이해하기 어려운 부분을 일일이 지적해 주었다. 쉽게 읽을 수 있는 책을 만드는 데 큰 도움이 되었다. 항상 응원하고 격려해 준 사랑하는 아내와 딸에게 감사의 마음을 전하고 싶다.

이 책을 흔쾌히 출판해 주신 느티나무책방 장은성 사장님과 편집, 교정에 애쓰신 김수진 편집장님에게 감사드린다.

디지털 기술의 발달로 오늘날 우리 사회는 황금만능주의와 기술만능주의 경향이 점점 더 짙어지고 있다. 그래서 혹자는 현재를 물질만 있고 생각이 없는 시대라고도 말한다. 그런데 물질문명의 발달에도 불구하고 인간의 행복도가 높아졌는지에 대해서는 회의적인 시각이 많다. 옛날에 비해 지금의 우리가 더 행복하다고 자신 있게 말하는 사람은 드물다. 그래서 보다 행복한 삶을 위해 소크라테스를 비롯한 여러 철학자들의 생각을 되새겨 볼 필요가 있는 것 같다. 삶의 목표인 행복을 위해 우리는 정의로워야 하고, 정의로운 인간이 되려면 먼저 생각하는 인간이 되어야 한다. 생각으로 정의롭고 행복해지는 사회를 꿈꿔 본다.

차례

1장

소크라테스의 죽음과 지식

소크라테스의 죽음

생각은 헤아리고 판단하는 작용이라고 간단히 정의할 수 있다. 생각은 무수히 많고 한계가 없다. 오죽하면 생각으로 할 수 없는 것이 없다고 했을까. 아니나 다를까 고대 희랍인들은 수많은 신들의 이야기를 담은 신화를 만들었다. 이들 신화는 신을 인격화하여 인간과 비슷한 희노애락을 상상 속에 담았다. 허구의 이야기인 신화는 당연히 비현실적이고 비논리적이다. 기원전 700년 경에 희랍인들은 이러한 막연한 생각에서 벗어나 물질의 구성에 대해 합리적 호기심을 품기 시작했다. 탈레스(Thales)를 비롯한 많은 학자들이 세상은 무엇으로 구성되어 있는지 연구하기 시작한 것이다. 하지만 과학과 기술이 미미한 상태에서 물질에 대한 연구는 곧 한계에 부딪히고 만다. 그래서 생각의 영역을 물질에서 인간 자신으로 전환해야 한다고 주장한 사람이 있으니 그가 바로 소크라테스이다. 소크라테스는 특히 인간이 알아야 할 과제인 근거, 정의, 본질, 진리에 대해 생각을 집중해야 한다고 주장했다. 소크라테스가 강조한 본질적이고 궁극적인 질문은 바다의 심연보다 깊고 무한한 것들이다. 그래서 오늘날에도 많은 사색가들이 소크라테스의 질문을 이어받아 해답 찾기에 몰두하고 있다.

고대 그리스의 위대한 철학자 소크라테스는 일생 동안 '너 자신을 알라'라고 외치며 앎의 중요성을 강조했다. 그가 말하는 앎, 즉 지식은 일반적으로 말하는 단순 지식이나 정보가 아니다. 세월이 흘러도 장소가 바뀌어도 변하지 않는 참된 진리를 지칭한다.

그런데 진리를 사랑하고 강조한 소크라테스는 아테네 법정에서 사형을 선고받고 죽었다. 그의 범상치 않은 죽음은 진리와 어떤 관련이 있을까? 상관이 없을 것 같은 죽음과 진리가 궁극적으로 상호 연관되어 있음을 소크라테스는 우리에게 보여 준다. 그리고 무지를 타파하고 지식을 쟁취하려는 그의 노력과 당시 아테네에서 번성한 민주주의와의 미묘한 관계는 현대 민주주의에 대한 우려를 고스란히 드러내 보인다.

악법과 악처

소크라테스는 석가모니, 공자, 예수와 함께 세계 4대 성인으로 꼽히기도 한다. 우리나라 기성세대들도 학창시절에 익히 들어 알고 있는 유명한 인물이다.

흔히 소크라테스 하면 우리가 쉽게 떠올리는 세 가지가 있다. '너 자신을 알라'라는 말과 그가 죽을 때 '악법(惡法)도 법이다'라고 말하면서 죽었다는 것이다. 그리고 세 번째가 그의 아내는 악처라는 것이다. '너 자신을 알라'라는 소크라테스의 말의 의미는 이 책에서 줄곧 중요하게 다루어질 것이다. 여기서는 '악법도 법이다'라는 말과 그의 아내가 악처로 인식되고 있는 사실에 대해 간단히 언급하기로 한다.

소크라테스의 '악법도 법이다'라는 말은 기성세대에게는 너무나 유명한 말로 당연한 진실이라 여겨져 왔다. 그러면 정말로 사형을 언도받은 소크라테스가 사약을 마시면서 '악법도 법이다'라고 외치며 죽었다는 것이 사실일까? '악법도 법이다'라는 문구가 던지는 상징적 의미는 잘못된 악법에 의해 사형을 선고받았지만 어쨌든 법을 지켜야 하기 때문에 따를 수밖에 없다는 교훈이라고 할 수 있다. 그렇다면 진정 악법일지라도 법이라는 이유 때문에 따를 수밖에 없는 것인가? 정말로 소크라테스는 악법도 반드시 지켜야만 하는 법이라고 생각했을까?

사실 플라톤(Platon)의 대화편[1] 어디에도 소크라테스가 '악법도 법이다'라고 말한 흔적을 찾아 볼 수 없다. 지금까지 그 어떤 전거 (典據)에도 악법을 법으로 간주하는 증거를 발견할 수 없다. 더 중요한 것은 소크라테스의 철학 이론 체계에서 악법을 법으로 인정하는 논리는 이치에 맞지 않는다는 것이다. 즉 앎과 지식 그리고 진리를 추구하는 이성적 인간을 최고의 가치로 여기는 소크라테스가

---

1 소크라테스는 저서를 남기지 않았다. 다만 플라톤의 방대한 대화편 저서에 소크라테스가 화자로 등장하기 때문에 대화편의 상당 부분은 소크라테스의 사상으로 추측한다. 일반적으로 대화편의 전반기 책은 소크라테스 사상으로, 후반기 책은 플라톤 자신의 사상으로 본다.

악법을 정당화하고 따르는 것은 자기모순일 수밖에 없다. 소크라테스 철학의 이론적 일관성에 비춰 보면 악법은 절대로 법이 될 수 없다. 그에게 악법은 절대 진리가 될 수 없다. 소크라테스 입장에서 보면 악법은 수정하거나 폐기할 대상이지 절대 법이 될 수 없는 것이다.

그러면 왜 1970~1980년대 우리나라 중고등 교과서에 소크라테스의 악법에 관한 내용이 기재되었을까? 명확한 이유는 아직 밝혀진 바가 없다. 다만 개인적으로 짐작컨대, 군사 독재 정권 하에서 정권의 정당성과 무조건적인 준법정신을 강조하기 위해 의도적으로 교과서에 기재하지 않았을까 의심해 본다. 정권의 정당성이 취약하고 무수한 악법(당시 대표적 악법으로 '긴급조치법'이 있다)이 난무하던 시대이니 국민들의 법에 대한 복종을 독려하기 위해 충분히 시도했을 법하다.

이제 소크라테스의 아내 크산티페가 악처라는 주제로 넘어가 보자. 과연 그녀는 악처였을까? 일각에서는 소크라테스가 걸출한 성인이 된 것은 악처를 만났기 때문이라는 우스갯소리도 있다. 크산티페에 대한 문헌(『디오게네스 라에르티오스』 II, 36~37.)을 보면 크산티페가 처음에는 잔소리를 해대더니만 나중에는 물까지 쏟아 붓는다는 기록이 있다. 또 크산티페의 잔소리에 이제는 마치 계속되는 도르래 소리를 듣듯 익숙해졌다는 소크라테스의 자조적인 한탄도 발견할 수 있다. 또한 크세노폰(Xenophon)의 『회고록』을 보면, 소크라테스가 자기의 큰아들이 어머니인 크산티페에게 화나 있는 것을 보고 어머니가 자식을 위해 얼마나 희생하는지 일일이 나열하며 고마움을 알아야 한다고 타이르는 대목이 나온다. 이에 큰아들은 아무도 어머니의 거칠고 사나움을 참아낼 수 없을 것이라고 말한다. 역시 크세노폰의 『연회』에 보면 크산티페는 상대하기 가장 어려운 여자로 묘사되는 대목이 있다. 이와 같은 문헌의 기록들이 사실이라면, 소크라테스의 아내 크산티페는 일정 부분 억세고 잔소리가 심했던 여인으로 짐작된다.

그러나 소크라테스 사상에 대한 가장 비중 있는 기록인 플라톤의 대화편 어디에서도 크산티페의 거칠음이나 잔소리에 대한 언급이 없다. 물론 플라톤이 소크라테스의 제자인 점을 고려하면, 스승의 부인에 대해 감히 나쁜 점을 언급하고 싶지 않았을 수도 있다. 그렇다 하더라도 소크라테스에 대한 방대한 내용을 기록한 대화편에서 크산티페의 특별한 성격에 대한 언급이 전혀 없다는 것은 플라톤의 배려라고만 보기 힘들다.

플라톤 대화편 『파이돈』은 소크라테스가 죽는 마지막 날에 대한 기록이다. 이날 크산티페는 늦둥이 아들을 품에 안고 소크라테스 옆에 앉았다. 물론 몇 명의 제자들도 소크라테스 주위에 모여 앉았다. 크산티페가 울부짖으며 이렇게 말한다. "아, 소크라테스! 이제 친한 분들이 당신한테 그리고 당신이 이분들께 말씀을 건네시는 것도 그야말로 마지막이네요." 그러자 소크라테스는 크산티페를 집으로 데려가 달라고 요청하고 이에 몇 사람이 자기 가슴을 치고 있는 크산티페를 데리고 나갔다. 이 마지막 날의 내용으로 보면 크산티페는 남편의 죽음을 진정으로 애도하는 지극히 정상적인 아내였다.

어쨌든 문헌의 기록으로 판단해 보면 크산티페는 잔소리가 심하고 성격이 거친 여인이었으리라 생각된다. 그렇다고 그녀를 악처라고 치부하기에는 근거가 빈약하고 과장된 측면이 있는 것 같다. 크산티페가 악처라고 알려진 이유는 크산티페가 성인인 소크라테스와 좋은 대비가 되며 이런 비교를 좋아하는 사람들의 추측에 의한 산물이 아닐까 생각된다. 또 소크라테스는 악처와 살면서 성인의 반열에 올랐는데, 성인은 못될망정 악처라 할지라도 최소한 이혼은 하지 말고 살아야 한다는 1970~1980년대 개발 시대의 가족 윤리가 크게 작용한 것으로 볼 수 있다.

탈레스(Thales)

탈레스는 기원전 6~7세기에 살았던 것으로 추측된다. 만물의 근본은 물(水)이라고 주장했다. 물에 대한 그의 사상은 동방이나 이집트 신화의 영향을 받아 이루어졌다. 기원전 585년에 일식에 대한 예언도 바빌론 천문학의 도움을 받아서 가능했다. 이런 과학적 업적 때문에 탈레스를 신화에서 합리적 사고로 전환한 최초의 인물로 평가하기도 한다.

플라톤(Platon, 기원전 427년~347년)

플라톤의 사상은 방대하며 수많은 저술을 남겼다. 그래서 모든 서양 철학은 플라톤 사상의 주석에 불과하다고 말할 정도이다. 그가 신화의 영웅 아카데모스(Akadem-os)의 이름으로 불리는 아테네 근교의 한 곳에 학원을 설립하였으니 그것이 바로 아카데메이아(Akademeia)이다. 오늘날 아카데미의 어원이 된다.

소크라테스의 일생

소크라테스는 대략 기원전 470년부터 399년까지 살았던 것으로 알려져 있다. 그는 석공(石工)인 아버지 소프로니코스와 산파(産婆)였던 어머니 파이나레테 사이에서 태어났다. 그의 처는 크산티페로 알려져 있으며 둘 사이에 세 아들을 두었다.

소크라테스는 신체적 건강은 타고난 사람이었다. 겨울에도 맨발로 다닐 정도로 추위를 잘 견뎠고, 식성도 거침없었다고 한다. 건장했던 그는 포테이데이아(기원전 432년~429년), 델리온(기원전 424년), 암피폴리스(기원전 422년) 등의 전투에 참가하기도 했다. 이들 전투에서 타고난 체력을 바탕으로 많은 공을 세우기도 했다.

그는 일생 동안 참된 진리를 깨우치기 위해 노력했고, 이를 위해 만나는 사람 모두에게 진리 탐구의 필요성을 설파하고 다녔다. 진리를 탐구하려면 우선 자신이 모른다는 사실을 깨달아야 하는데, 대부분 아테네 시민들은 자신들이 모른다는 사실을 몰랐다. 소크라테스는 아테네 시민들이 자신들의 무지를 깨우칠 수 있도록 많은 노력을 기울였다. 이를 위해 독특한 수사술(修辭術)을 사용했다. 그의 수사술은 주로 문답식 대화로 산파술(産婆術)이라고도 한다. 산파술은 대화 상대방이 자신의 무지를 깨달을 수 있도록 산파의 역할을 해 준다는 뜻이다. 해답을 직접 제시하는 것이 아니라, 스스로 사고하여 자각하도록 유도하는 대화술이다. '너 자신을 알라'라는 가르침은 소크라테스가 산파술을 통하여 사람들에게 깨달음을 주고 싶어 했던 바로 그것이다. 무지한 자신을 스스로 자각하고 참된 진리를 알기 위해 노력해야 함을 강조하는 말이다. 소크라테스는 여러 사람과 대화해 본 결과, 사람들이 자신이 모르고 있다는 사실을 모른다는 것을 알았다. 그래서 그는 자신이 아테네에서 제일 지혜로운 사람이라고 스스로 말하고 다녔다. 왜냐하면 다른 사람과 달리 소크라테스 자신은 자기가 모르고 있다는 사실을 알고 있었기 때문이다.

소크라테스는 진리에 대한 흔들림 없는 입장을 항상 견지했는데 이 때문에 고집이 센 사람이라는 평판을 듣기도 했다. 철학적 사유와 타인과의 대화를 즐겼던 소크라테스는 늘 자기가 생각한 바를 실천하는 사람이었다. 기원전 406년에 그는 평의회 일원이 되었는데, 그 당시 아르기누스 해전의 승리가 있은 후 그 전투에 참전했던 지휘관들을 사형에 처해야 한다는 민회의 결정이 있었다. 지휘관들이 물에 빠져 죽어가는 병사들을 구출하지 않았다는 이유 때문이었다. 하지만 소크라테스는 폭풍 때문에 난파된 배들이 많아 병사들을 구할 수 없었다는 이유를 들어 사형 결정에 반대했다. 또 그는 30인 폭정에 대해서도 저항한 적이 있었는데, 그것은 살라미스 출신인 레온이 사형에 처해지도록 되었을 때 그를 체포해 오라는 명령을 거부한 것이다. 이와 같이 소크라테스는 민주정이든 폭정이든 국가의 통치 형태와 관계없이 무엇이 옳은지에 대한 생각이 뚜렷하고 또 이를 실천하는 의지도 유달리 강했다.

소크라테스는 인간 중심의 이성주의 철학의 선봉자이며 이성에 의한 진리의 추구만이 최고의 가치를 지닌다고 믿었다. 그는 직접 저술 활동을 하지는 않았지만, 플라톤의 대화편을 통해 그의 방대한 철학 사상은 오늘날에도 전해지고 있다. 그는 기원전 399년에 아테네 청년을 타락시켰다는 청년 타락죄와 국가가 신봉하는 신들

을 믿지 않고 자신만의 새로운 신을 믿었다는 불경건죄 등의 이유
로 아테네 법정에 기소되었고, 배심원에 의해 사형이 결정되어 독
배를 마시고 최후의 죽음을 맞았다.

소크라테스의 죽음

소크라테스의 죽음은 지금까지도 회자되는 특별한 사건이다. 그
이유는 여러 가지가 있겠지만, 우선 생각할 수 있는 것은 소크라테
스라는 성인이 죽게 된 이유가 자연사가 아닌 법정의 사형 선고였
다는 점이다. 이는 소크라테스의 죽음에 대한 많은 논란과 의구심
을 불러일으킨다. 법정에서 내리는 형량 가운데 사형은 가장 가혹
하고 무거운 선고다. 후대에 성인으로 칭송받는 소크라테스가 과
연 어떤 극악무도한 짓을 했기에 사형 선고를 받았을까? 소크라테
스가 법정 최고 형량인 사형을 언도받을 만큼 악인이었다면 성인
으로 추대받지 못함이 마땅했을 것이다. 그러나 우리는 여전히 그
를 성인으로 인정하고 있다. 한편으로 법정에서 독배를 기꺼이 마
시고 죽음으로써 소크라테스가 우리에게 전달하려는 그 무엇이 있
는 것은 아닐지 예상해 볼 수 있다. 그러므로 소크라테스의 죽음은
이러한 지적 의구심을 불러일으키기에 충분한 사건임이 분명하다.
　일반적으로 위대한 성인의 죽음에 대한 일화는 오랜 시간에 걸
쳐 후대에 던지는 메시지가 많다. 죽음의 순간을 비현실적 신비로
움으로 가득 채워 좀 더 강력한 호소력을 전달하려 한다. 소크라테
스보다 약 백 년 일찍 활동했던 석가모니는 열반에 들어감으로써

영원히 사는 윤회 사상을 잘 보여 준다. 그리고 입적의 순간에 대지가 진동하고 천둥이 쳤다. 또 화장하기 위해 향나무에 불을 붙이려 했으나 불이 붙지 않았다. 이에 마하가섭이라는 그의 제자가 예배를 드리고 겨우 불을 붙일 수 있었다고 한다. 이는 부처의 능력과 사후 세계의 신비한 힘을 확인시켜 준다. 또 소크라테스보다 약 오백 년 후에 태어난 예수는 가혹한 박해로 죽임을 당하지만 사흘 후에 다시 태어남으로써 자신이 하나님의 아들임을 증명해 보인다. 특히 예수의 경우는 그가 강자의 탄압에 의해 죽임을 당하지만 다시 부활함으로써 약자를 구제하는 신적 구원을 상징적으로 보여 준다.

반면에 소크라테스의 죽음은 석가모니나 예수와 같이 극적이고 신비로운 상황 설정을 내포하고 있지 않다. 신비스런 자연의 변화나 생명의 부활과 같은 신적인 기적을 보여 주지 않는다. 소크라테스는 다른 성인과 다르게 일생을 진리 탐구라는 학문적 과제에 헌신했으며, 죽음의 순간에도 절대 현실 기반에서 한 발짝도 벗어나지 않는다. 소크라테스에게서 비현실적 신비로움은 전혀 찾아 볼 수 없다. 그냥 현실적·제도적 테두리에서 열심히 부딪히며 살다가 지극히 현실적인 이유 때문에 죽임을 당한다.

그렇지만 소크라테스의 전혀 신비스럽지 못한 죽음이 여러 가지 깊은 삶의 철학적 의미를 함유하고 있다. 그러면 소크라테스는 죽음을 통하여 어떤 의미를 전달하려고 했을까? 당대 걸출한 철학자가 기꺼이 죽음으로써 전달하려 했던 큰 뜻은 무엇이고, 끝까지 지키려 했던 가치관은 무엇인지 그의 철학적 사조와 견주어 해석해 보는 작업은 의미 있는 일일 것이다. 생을 마감하는 죽음의 순간까지도 버릴 수 없었던 한 성인의 일관된 철학 사상을 그의 죽음에서 되짚어 보기로 하자.

소크라테스 죽음의 형식적 이유

기원전 470년~399년에 생존했던 소크라테스는 말년에 멜레토스, 뤼콘, 아니토스[2] 등 3명으로부터 두 가지 큰 죄를 지었다는 이유로 아테네 법정에 기소를 당한다. 죄목은 신을 섬기는 것과 관련된 불경건죄와 아테네 청년들을 타락시켰다는 청년 타락죄 두 가지이다. 그런데 소크라테스는 당시 변론술과 논박술이 뛰어난 지식인이었고, 수사술에 있어서도 누구에게도 지지 않는 최고의 실력을 겸비한 인물이었다. 그런 그가 법정에서 변론을 훌륭하게 수행했을 것이 당연해 보이며 자신의 무죄에 대해 누구보다 철저하게 항변했을 것이다. 즉 법정에서 스스로 자기를 방어할 충분한 능력과 소질을 소크라테스는 갖고 있었다. 그러나 그는 1차 재판에서 유죄를 선고받고, 2차 재판에서는 사형을 선고받았다. 성인으로 칭송되는 소크라테스가 당시 사형을 선고받을 만큼 중죄를 저질렀다

---

2 『소크라테스의 변론』에 의하면 멜레토스는 시인을 대표하여, 아니토스는 장인과 정치인을 대표하여 그리고 뤼콘은 변론가를 대표하여 기소에 참여했다고 한다. 실제 기소의 형식적 대표자는 젊은 사람인 멜레토스로 되어 있지만, 실질적 주동자는 아니토스였다. 아니토스는 한때 민주 진영의 정치 지도자였다. 뤼콘에 대해서는 특별히 기록된 문헌이 없다. 결론적으로 폭정의 피해자였던 친 민주주의 세력에 의해 소크라테스는 기소당했고, 그 대표 인물이 멜레토스, 아니토스, 뤼콘 세 사람이다.

는 점은 쉽게 수긍되지 않는다. 그러면 죄를 범하지도 않았고 또한 변론 능력도 누구보다 뛰어난 소크라테스가 왜 사형을 선고받게 되었을까? 소크라테스를 죽음으로 몰고 간 법정 공방의 형식적 이유들을 살펴보자(소크라테스 죽음의 형식적 이유와 정치적 이유에 대한 내용은 손병석 교수의 『고대희랍·로마의 분노론』을 참고하였다).

특이한 변론술

소크라테스는 평생을 무지와의 싸움으로 보냈다. 소크라테스는 앎, 즉 지식을 누구보다 강조하고 변하지 않는 참된 진리를 추구한 철학자로 평생을 살았다. 그는 가변적이고 틀릴 수 있는 억견(臆見)[3]이 아닌, 참된 지식을 탐구할 것을 아테네 시민들에게 설파하고 다녔다. 억견은 무지와 진리의 중간 개념이며 일반적으로 참된 진리와 대비되는 개념이다. 거짓은 아니지만 변함없는 진리라고도 할 수 없는 감각 세계 또는 현상 세계가 억견에 해당되며 소크라테스

---

3 억견은 희랍어(doxa)의 번역어다. 「국가」 5권에서 있지 않은 것에는 무지를, 있는 것에는 인식(앎)을 대응시키고 의견(doxa)을 갖게 되는 대상은 있는 것도 있지 않은 것도 아닌 것으로 설명되어 있다.(478c) 6권과 7권에서 선분과 동굴의 비유를 하면서 억견에 대한 인식론적 언급이 있다. 선분의 비유에서는 지성에 의한 앎(noesis)과 대비되는 낮은 수준의 단계가 억견의 세계이다. 억견은 가시적인 것들을 대상으로 하며 상(영상, 모상)이나 그림자 그리고 동식물을 포함한 일체의 인공물들을 포함한다. 동굴의 비유에서는 동굴 안의 세계가 억견의 세계이다. 동굴 안의 그림자나 실물들이 억견에 해당된다. 플라톤에게 있어 억견은 이데아의 모방에 불과하며 감각에 의존하는 현상계를 의미한다. 주관의 상태는 상상, 짐작, 믿음, 확신 등이 있다. 고대 희랍 철학에서 억견은 단편 파르메니데스 억견(doxa)의 길(B8.50~B19)에서도 언급된다. 진리의 길과 상대 개념인 억견의 길은 참된 것일 수도 있고 아닌 것일 수도 있는 애매한 길이다. 여기서 억견은 진리가 아닌 변화하고 생성 소멸하는 세계이다. 완전한 비존재의 세계도 아니고 참된 존재의 세계도 아니다. 억견은 경험의 세계, 감각의 세계이며 개연적인 세계를 의미한다.

는 이러한 억견을 넘어 확고한 진리를 추구했다. 사람들이 지식을 탐구하기 위해 우선 선결되어야 할 전제는 사람들 자신이 모르고 있다는 사실을 스스로 깨닫게 하는 것이다. 자기가 모르고 있다는 자체를 모르는데 알기 위해 노력한다는 것은 성립하지 않기 때문이다. 그런데 소크라테스가 보기에 사람들은 억견을 진리로 착각하고 있으며 자신의 무지마저 깨닫지 못하고 있었다. 그래서 소크라테스는 항상 시민들에게 '너 자신을 알라'라고 하면서 지식적 계몽을 위해 노력할 수밖에 없었다.

아테네 시민들에게 지식에 대한 자각을 일깨우고 덕을 강조하기 위해 소크라테스는 독특한 대화법을 사용하였다. 그 중 하나가 대화 유인술이다. 상대방을 대화의 주제로 끌어들이기 위해 소크라테스 자신은 내용을 전혀 모른 체하면서 상대방 스스로 자기의 생각을 말하게 하는 방법이다. 상대방이 우선 말하게 함으로써 그 말의 허점을 나중에 공격하여 말하는 사람 자신이 얼마나 무지하고 잘못 알고 있는지를 깨닫게 만드는 것이다. 이 대화 유인술은 알면서 모른 체함으로써 상대방을 속인다는 부정적 의미도 담겨 있다.

예를 들어 '용기란 무엇인가'라는 주제로 대화를 한다고 가정해 보자. 상대방이 말하기를, 여러 차례 전투에 참가한 용감한 장군을 예로 들면서 용기란 두려움을 이기고 앞으로 전진하는 것이라고 주장한다. 그러면 소크라테스는 용기란 경우에 따라 일보 전진을 위해 이보 후퇴하는 것도 해당되지 않을까 하는 반례를 제시한다. 이와 같이 해서 상대방으로 하여금 보편적인 용기에 대한 앎을 제시하도록 유도하는 것이 소크라테스의 대화 유인술이다.

또 하나의 대화법은 크게 말하기이다. 소크라테스는 자신의 삶과 철학에 대해 항상 당당하게 말했다. 그는 옳은 것에 대해서는 절대 겸손하거나 주저하지 않고 당당하고 큰 소리로 대화를 주도했다. 물론 이러한 대화 방식은 올바른 것에 대한 소크라테스의 확신과 자신감을 표현하고 있지만, 상대방 입장에서 보면 경멸적이고 모욕적인 말하기 태도로 오해 받기도 했다.

그러면 소크라테스는 자신이 기소당한 법정에서 어떤 식으로 변론을 진행했을까? 일반적으로 법정에서의 유무죄 공방은 판사나 배심원단의 판단이 결정적이기 때문에 변론은 상당히 공손하고 그들의 심기를 건드리지 않으려는 조심스런 말투를 사용하게 된다. 심지어는 판사나 배심원의 감정에 호소하기 위해 읍소 전략을 사용하기도 한다. 과연 소크라테스는 자신의 죽음과도 직결될 수 있는 법정 공방에서 배심원에게 잘 보일 수 있는 조심스런 말투로 변론을 했을까?

소크라테스의 죄의 유무를 판단하는 1차 법정에서 그는 자신 특유의 변론술을 포기하지 않는다. 물론 당시 아테네에서도 변론을 잘하고 배심원에게 잘 보여서 재판에 유리한 판결을 유도하는 관행이 있었다. 그러나 소크라테스는 이 부분에 대해서 웅변가와 의사의 예를 들면서 법정을 비난한다. 즉 웅변가와 의사가 법정에서 질병에 관한 문제로 논쟁을 하는 경우, 당연히 의사가 질병에 대해 더 잘 알고 있음에도 불구하고 웅변가가 자신의 수사술을 이용하여 판결을 자신에게 유리하도록 이끌어 낼 수 있을 것이라고 비아냥거린다.

수사술이 중요해진 법정의 관행에도 불구하고 소크라테스는 진리 추구의 소신을 굽히지 않는다. 그는 법정 변론이 형식이 아닌 내용을 중요시해야 한다고 생각했다. 소크라테스의 신념에 따르면, 변론하는 사람은 오로지 진실만을 말해야 하고 판결하는 배심원은 사실에 입각해서 옳고 그름을 공정하게 가려야 한다는 것이다. 이는 변론 형식을 신경 쓰기보다는 진리에 근거한 정의를 말하는 것이 중요함을 의미한다. 그래서 소크라테스는 자신의 무죄와 당당함을 거리낌 없이 표현하며 자신 특유의 대화 유인술과 크게 말하기를 변론에서 그대로 사용한다. 더 나아가 소크라테스는 아테네 법정이 정의의 심판장이 아니고, 아첨이나 동정심의 수사술에 의해 판결이 좌지우지되는 어리석은 자들의 법정으로 추락했다고 비난한다. 소크라테스는 아테네 법정을 폄하했고, 자신이 아테네 법정보다 도덕적으로 우월하다고 주장했다. 그리고 델포이 신탁[4]이 소크라테스보다 더 현명한 사람은 없다고 말한 사실을 변론에서 오만하게 말함으로써 배심원의 분노를 샀다. 이러한 수사술이 배심원에게 경멸과 모욕으로 비춰져 자신에게 불리한 판결이 내려질 수도 있음을 알았지만, 배심원단의 감정에 호소하지 않겠다는 소크라테스의 신념은 확고했다.

진리 추구를 최고의 덕목으로 신봉하는 소크라테스에게 변론은 내용이 중요하지 형식이 중요하지 않았다. 더구나 감정에 호소하고 능숙한 웅변술을 사용하는 것은 진리에 바탕을 둔 공정한 재판과는 거리가 멀었다. 소크라테스는 진리와 정의를 그 무엇과도 바

---

4 델포이 도시에 아폴론 신전이 있는데 여기서 아폴론의 예언을 들을 수 있다고 한다. 소크라테스의 열렬한 추종자이자 동료인 카이레폰이 델포이까지 가서 아폴론에게 '소크라테스보다 더 현명한 사람이 있는지'를 물었다. 그런데 대답은 전혀 예상치도 않은 '없다'라는 것이다.

꿀 수 없다고 생각했으며 심지어 자신의 목숨과도 바꿀 수 없는 소중한 것으로 여겼다.

이와 같이 소크라테스의 특이한 변론술과 진리 앞에서 조금도 타협하지 않는 용기가 오히려 현실에서는 자신을 옥죄는 덫이 된 것이다. 소크라테스처럼 목숨을 초개와 같이 버리면서 진리와 진실을 추구하는 사람은 예나 지금이나 매우 드물다. 진실보다 말과 형식을 중요시 하는 경향이 많고, 자기의 이해관계 앞에 기꺼이 진실을 외면해 버리는 사람들도 많다. 2500년 전과 마찬가지로 아직도 법정에는 사실이 아닌 감정에 의해 판결되는 경우가 종종 있다. 돈과 권력에 휘둘리는 허약한 법정이 진실과 정의를 수호하는 본연의 임무를 외면하는 한, 소크라테스는 지금 태어나도 여전히 죄인이 될 수밖에 없다. 현란한 수사술이나 형식보다는 진리나 내용을 중시하는 사회가 더 정의롭다는 것은 두말할 나위가 없다.

기소 죄목의 타당성

소크라테스에게 제기된 기소의 공식적인 죄명은 불경건죄와 청년 타락죄이다. 불경건죄는 아테네 시민들이 믿는 올림푸스 신을 믿지 않고 소크라테스가 다이모니온이라는 자신만의 영적인 신을 숭배한 죄이다. 소크라테스에게 씌워진 불경건죄는 신을 믿지 않는 무신론자이기 때문이 아니라, 아테네 시민이 믿는 신과 다른 신을 믿었기 때문이다. 당시 신의 위상은 오늘날과 달리 절대적이었음을 감안하면 아테네 폴리스가 숭배하는 올림푸스 신을 믿지 않고 자신만의 다른 새로운 신령을 믿는 것은 중대한 범죄가 될 수 있다. 그러면 소크라테스가 굳이 개인의 신을 숭배한 이유는 무엇일까? 그것은 관습적인 아테네 폴리스의 종교관을 합리적인 도덕적 신의 개념으로 바꾸고자 하는 동기로 볼 수 있다(이 부분은 블라스토스의 주장을 인용[5]). 이는 당시 종교가 믿음의 교리 체계가 존재하지 않고 단지 제의나 의식 같은 형식적 활동이 강했다는 사실에서 알 수 있듯이, 소크라테스는 종교에 도덕적 성격을 도입하고자 했을 것이다.

그러면 과연 당시 소크라테스의 다이모니온 같은 사적인 신을 믿는 행위는 전부 불경건죄로 처벌받는 죄였을까? 우선 당시는 페리클레스가 통치했던 민주주의가 꽃피던 시기이고, 아테네에서는 비교적 자유로운 종교적 분위기가 형성되어 있었다는 사실을 주목할 필요가 있다. 아테네 민주주의는 종교적 다원주의가 인정된 상황이었고 개인의 사적 종교도 허용된 것으로 학자들은 추측한다. 아테네 민주정 사회에서는 아테네 여신이나 제우스 같은 올림푸스 신뿐만 아니라, 다이모네스 같은 개인의 수호천사 또는 테세우스나 헤라클레스 같은 영웅들을 신으로 숭배하는 다신교 사회였다. 이처럼 종교에 대한 너그러운 사회적 분위기로 볼 때, 소크라테스에게 부과된 불경건죄는 그를 죽음으로 몰고 간 사형 선고에 대한 결정적인 원인이라고 단정하기에는 무리가 있다.

다음으로 청년 타락죄에 대해 살펴보자. 청년 타락죄는 소크라테스가 아테네 청년들에게 한결 약한 주장을 더 강한 주장으로 만드는 방법을 가르치며 궤변론자로 타락시킨 죄이다. 하지만 이는 형식적인 이유이고, 실질적으로는 아테네 폴리스의 전통 규범 가

---

5 Gregory Vlastos, "Socratic Piety", Reason and Religion in Socratic Philosophy, 2000.

치를 부정하고 개혁하려는 새로운 도덕 철학을 가르침으로써 청년들을 타락시켰다는 것이다. 기소자들에 의하면 소크라테스가 전통 가치관과 다른 새로운 덕의 윤리와 도덕을 청년들에게 가르침으로써 청년들을 타락시켰다고 한다. 이는 소크라테스가 기존의 가부장적 도덕 질서를 부정하는 도덕 철학을 가르치고 급진적인 윤리 이론을 견지했음을 의미한다. 어느 시대에나 급진적이고 개혁적인 가치관은 기존의 관습이나 도덕과 갈등을 야기하기 마련이다.

그런데 당시 유행한 많은 소피스트들은 소크라테스보다 더 진보적이고 파격적인 도덕 철학을 주장했다. 예를 들면 상대주의 또는 회의주의적 철학을 가르친 프로타고라스(Protagoras)와 고르기아스(Gorgias)를 들 수 있다. 안티폰(Antiphon)은 더 나아가 기존의 계급, 인종, 성에 따른 관습적 정의를 비판하면서 자연적 정의를 주장한다는 점에서 더 진보적인 도덕 철학을 내세웠다고 볼 수 있다. 그럼에도 불구하고 이들 소피스트들은 청년 타락죄로 기소된 사례가 없다. 이런 정황으로 볼 때 청년 타락죄에 대한 기소 이유가 실질적인 유효성을 인정받기 힘들어 보인다.

이와 같이 불경건죄와 청년 타락죄라는 형식적인 죄명이 소크라테스를 죽음으로 몰고 간 진정한 이유가 아니라면, 실질적이고 현실적인 다른 원인이 있을 것이다.

소크라테스 죽음의 정치적 이유

당시의 다양한 종교적 관습과 비교적 자유로웠던 철학적 토의 등의 상황을 고려하면, 소크라테스를 불경건죄와 청년 타락죄로 기소한 행위는 명분이 확실히 약하다. 그렇다면 기소의 진짜 이유는 무엇일까?

재판정인 법정도 정부의 일부라고 보면 아테네 정부가 소크라테스에게 사형을 선고한 것인데, 정부와 소크라테스 사이의 관계는 좋지 않았다고 추측할 수 있다. 당시는 페리클레스 등이 통치했던 아테네 민주정이 꽃피던 시기였는데 위대한 철학자와 민주 정부 사이에 어떤 긴장 관계가 있었을까?

소크라테스의 정치 철학 견해는 기본적으로 지식을 갖춘 자에 의한 통치를 최고로 간주한다. 참된 지식을 가진 자에 의해서 정치적 통치가 이루어져야 진리에 근거한 올바른 국가가 이룩될 수 있다는 것이다. 그렇지 않고 억견 정도의 애매한 앎을 가진 대중에 의해 통치되는 국가는 올바르고 정의로운 국가가 될 수 없다.

하지만 극소수 또는 한 사람의 아는 자에 의한 통치는 형식상 독재, 참주, 과두 정체(정치체제(政治體制)의 줄임말)와 유사한 측면이 있다. 이들 정체들은 한 개인 또는 극소수 개인 집단에 의해 통치되는 공통점이 있기 때문이다. 이러한 소수 지배 체제는 다수의 지배를 원리로 하는 민주정과 전혀 다른 정치 제도이다.

그렇다고 소크라테스가 독재나 참주 정체를 찬성한 것은 결코 아니었다. 소크라테스는 참주 정체를 가장 나쁜 정체로 분류한다. 하지만 소크라테스는 당시 희랍의 민주 정체를 적극적으로 지지하지 않았으며, 엘리트 지식인의 소수 지배 체제를 지지함으로써 급진적 이론가로 여겨졌다. 실제로 소크라테스와 가까운 몇몇 인사들은 아테네의 민주정을 반대하는 위험한 인물이 되었다. 예를 들면 소크라테스의 제자이자 한동안 연인 관계[6]를 유지한 것으로 보이는 알키비아데스(Alkibiades)는 시실리 원정 당시 아테네 법정에서 사형 선고를 받고 적국인 스파르타로 망명한 장군이다. 그리고 제자인 크리티아스(Kritias)는 30인 폭정의 리더였으며 나중에 플라톤이 쓴 대화편에서는 소크라테스에게 아주 매력적인 인물로 묘사된다. 또한 카르미데스(Charmides)라는 제자 역시 30인 폭정의 주요 인물로 활동했다. 참고로 과두정인 30인 폭정은 무고한 시민이 1,500명이나 잔인하게 살해된 참혹한 사건이었으며 살해된 희생자 수는 당시 웬만한 전투의 희생자보다 많은 숫자이다. 30인 폭군 정권의 참상을 가히 짐작할 만하다.

과두 정권인 30인 폭정이 잔인한 살상 행위를 할 때 소크라테스는 아테네에 남아 있었다. 더구나 소크라테스는 평소에 소수의 강압적인 정치 체제인 스파르타를 이상적인 정체로 언급한 적이 있다. 스파르타의 지지를 받고 세워진 30인 정권을 떠나지 않은 것은 소크라테스의 정치적 견해로 볼 때 당연한지도 모른다. 아무리 지식인에 의한 소수 지배 체제를 선호한다 하더라도 정의로운 삶을 신봉하는 소크라테스가 30인 폭정하에 자행된 부정의에 대하여 철저히 침묵한 행동은 쉽게 이해되지 않는 대목이다. 실제 어느 원전 자료를 통해서라도 잔인한 폭정에 대한 소크라테스의 항거나 반대의 목소리를 발견하기 힘들다. 예수는 예루살렘을 위해 울었지만,

---

6 포데이아 전투에서 알키비아데스는 소크라테스와 같은 텐트에서 잠을 자기도 했다고 전해진다. 고대 희랍에서는 어른이 어린 남자와 동침하는 일이 흔했다고 한다. 고대 희랍에서 동성애는 불법이 아니었으며 사회적으로 건설적인 측면이 있다고 봤다.

소크라테스는 아테네를 위해 울지 않았던 것이다.

이처럼 소크라테스와 아테네 민주정과의 불편한 관계를 고려하면, 소크라테스에 대한 기소의 실질적인 이유는 불경건죄나 청년타락죄가 아니라 다른 정치적 원인이 작동했다고 볼 수 있다(정치적 원인을 주장하는 학자로는 스톤(I. F. Stone)이 대표적이다).

그런데 기소자들은 왜 정치적 이유로 소크라테스를 기소하지 않았을까? 이유는 두 가지로 요약할 수 있다. 민주정이 회복되고 나서 기원전 403~402년에 반민주 행위에 대한 면죄부가 주어졌고 그래서 민주적 활동에 대한 기소가 법적으로 금지되었기 때문에 소크라테스를 정치적 이유로 기소하지 못했을 것이다. 또 한 가지 이유는 정치적 이유로 기소했다면 당대 최고의 이론가이자 뛰어난 수사술을 행사하는 소크라테스를 이기기 힘들었을 수 있다. 즉 유능한 소크라테스는 법정에서 자신을 충분히 변론할 수 있었을 테고, 법정은 그를 유죄로 이끌기 쉽지 않았을 것이다. 사실 소크라테스는 민주정만을 비판한 것이 아니라 과두정의 지도자들도 비판했다. 소크라테스는 민주정의 주도적 인물이었던 테미스토클레스나 페리클레스를 정치적 덕을 지니지 못한 인물로 폄하했을 뿐만 아니라, 친과두주의 정치 지도자들도 같은 이유로 비판했다. 소크라테스를 한쪽 정체에 대한 일방적인 입장을 고수했다고 보기 힘든 대목이다. 그러므로 반체제의 정치적 이유로 철학자 소크라테스를 기소하는 것은 변론과 논리 싸움에서 승산이 없어 보인다.

이와 같이 정치적인 이유로 소크라테스를 단죄하는 것은 현실적으로 힘들었다. 하지만 소크라테스에 대한 기소는 어떤 식으로든 이루어질 수밖에 없었다. 왜냐하면 소크라테스는 폭정에 대해 철저히 외면하고 잔인한 학살에 대해 무관심함으로써 아테네 시민들로부터 증오를 불러 일으켰을 가능성이 매우 크기 때문이다. 비록 죄목은 불경건죄와 청년 타락죄이지만, 결국 아테네 시민에게 행해진 폭정을 철저히 외면한 소크라테스를 정치적 이유로 사형시켰다고 볼 수 있다. 이는 소크라테스가 폭정으로 죽어가는 시민과 아테네의 정의를 외면하고 아테네를 위해 울지 않았음을 의미한다. 예수는 예루살렘의 시민들을 위해 같이 고통 받고 눈물 흘렸지만, 소크라테스는 아테네 시민의 고통에 동참하지 않았던 것이다. 아테네의 고통을 철저히 외면함으로써 고통에 신음하던 대중이 통치하는 민주정에서 소크라테스는 정치 보복을 당한 것이라고 볼 수 있다.

그러면 왜 소크라테스는 아테네를 위해 울지 않았을까? 보통 사람도 아닌 성인 소크라테스가 참혹한 학살의 불의를 보고 모른 체한 것이 과연 이해가 가는 일인가? 지금부터 소크라테스가 아테네 민주주의를 위해 울 수 없었던 근본적이고 철학적인 이유들을 함께 확인해 보기로 하자.

소크라테스(Socrates 기원전 470년~399년)

소크라테스는 인간의 이성과 지식의 중요성을 강조한 철학자이다. 그래서 그를 이성주의 철학의 효시로 부른다. 소크라테스에 의하면 자기 자신을 탐구하지 않는 삶은 살 가치가 없는 삶이라고 한다. 그는 직접 책을 저술하지 않았지만 그의 모든 사상은 제자 플라톤의 대화편을 통해 전해지고 있다.

지식과 정의

소크라테스의 진리 추구

고대 희랍의 초창기 철학은 천체와 우주의 물질에 대한 해석을 주요 연구 대상으로 삼았다. 우주의 구성 물질과 천체의 구조는 고대인들에게도 호기심의 대상이 된 것은 지극히 당연한 일일 것이다. 그러나 이러한 물질과 하늘에 대한 연구는 소크라테스에 이르러 지상으로 내려와 인간에 대한 연구로 전환된다. 철학이 사람이 사는 도시로, 가정으로, 개인으로 내려온 것이다. 소크라테스는 철학이 인간의 삶과 도덕, 선과 악에 대해 묻고 탐구하도록 강요한 최초의 인물이다.

소크라테스는 잘못된 지식을 타파하고 근거를 밝히는 참된 지식을 추구하였다. 그는 자연에 대한 탐구에서도 올바른 지식을 매우 갈망하였다. 즉 무엇으로 해서 각각의 것이 생기며, 무엇으로 해서 소멸하는지 그 원인을 알고 싶어 했다. 그러던 어느 날 아낙사고라스(Anaxagoras)[1]가 모든 원인을 밝혀 주는 책을 썼다는 말을 들었다. 이 책에서 아낙사고라스는 모든 것에 질서를 부여하고 모든 것의 원인이 되는 것은 결국 누스(nous), 즉 정신이라고 주장했다는 것이다. 소크라테스는 이것이 원인에 대한 궁금증을 해결해 줄 책이라 생각하고 너무나 반가워 급히 그 책을 구해 읽었다. 그러나 소크라테스의 기대와는 다르게 그 책에서 아낙사고라스는 정신을 활용하지 않고 사물에 대한 질서의 원인을 공기, 에테르, 물 등 그 밖의 여러 가지로 주장하고 있었으며 이를 알고 소크라테스는 매우 실망했다고 한다. 왜냐하면 감각 세계에 대한 생성이나 소멸의 원인을 감각 세계에서 찾는다면, 무한 퇴행(infinite regress)의 오류에 빠지게 되고 참된 진리에 도달할 수 없기 때문이다. 즉 잎이 떨어지는 이유는 잎이 마르기 때문이고, 잎이 마른 이유는 날씨가 춥기 때문이며, 날씨가 추운 이유는 북쪽에서 차가운 바람이 불어오기 때문이고 등등 자연 세계의 원인을 자연에서 찾는다면 무한 퇴행의 오류에 빠질 수밖에 없다. 그러므로 궁극의 원인을 감각 세계인 자연에서 찾는 것은 해결책이 될 수 없다. 감각이나 경험 세계의 억견 수준에서 벗어나 변하지 않는 참된 진리만이 인간이 추구하는 최고의 가치라고 소크라테스는 생각했다.

소크라테스는 자신의 철학적 이론에 대한 저서를 남기지 않았다. 그러므로 그가 말하는 참된 진리와 지식에 대한 정확한 개념을 확

---

1 아낙사고라스(Anaxagoras)는 고대 희랍의 자연 철학자로서 엠페도클레스, 데모크리토스와 함께 대표적인 다원론자로 꼽힌다. 그에 의하면 세상은 무수히 많은 구성물질(spermata)로 형성되어 있으며 이들을 질서 있게 만드는 운동인이 누스(nous)라고 했다. 다만 이 누스가 물질적인 것인지 비물질적인 것인지는 밝히지 않았다.

인할 수 있는 문헌이 없다. 다만 플라톤의 대화편 초기 저작에서 소크라테스가 참된 지식과 덕에 대해 비유적으로 설명하고 있음을 발견할 수 있다. 우선 소크라테스가 지성으로 알 수 있는 지식과 근거(원인, 존재적 근거)에 대해 어떻게 설명하고 있는지 동굴의 비유를 통해 알아보자.

아낙사고라스(Anaxagoras, 기원전 500년~428년)

아낙사고라스는 무한수(Spermata,무한히 많은 것)로부터 세상이 만들어졌다고 주장한다. 이 무한수를 움직여 세상을 만들게 하는 운동인이 바로 누스(Nous)이다. 이 누스 역시 물질인지 정신인지 확실치 않다. 처음에 아낙사고라스가 누스를 물질이라고 하여 소크라테스가 크게 실망하였던 것이다.

동굴의 비유

설정된 동굴의 상황은 다음과 같다. 어두운 지하 동굴 안에 빛이 들어오는 입구를 등지고 벽면을 향하여 죄수들이 묶여 있다. 이들은 결박되어 있는 상태로 머리를 뒤로 돌릴 수 없고 오로지 앞쪽 벽면만 보도록 되어 있다. 묶여 있는 죄수와 동굴 입구 사이에 통로가 있고, 이 통로 위로 사람들과 동물 및 기타 사물들이 이동한다. 통로 위에 움직이는 것들은 동굴 벽면에 그림자로 비춰진다. 이는 인형극을 하는 경우 휘장 위로 그림자 인형을 보여 주는 것과 흡사하다. 죄수들은 어릴 적부터 결박당해 있어 벽면에 나타나는 그림자 외에 아무것도 본 적이 없다. 그러므로 이들은 사람, 동물, 사물 모양을 모두 그림자를 통해 구분할 뿐이다. 또 사람이나 동물의 소리가 들린다 하더라도 죄수들은 모두 벽면의 그림자에서 나오는 것으로 안다.

이와 같은 상황에서 죄수들은 그림자 이외에 다른 것을 진짜라고 생각하지 못한다. 벽면에 비친 그림자가 자기들이 알고 있는 세계의 전부이기 때문이다. 죄수들은 그림자 세계가 진짜이며 실제라고 믿으며 서로 확신에 차서 대화를 할 것이다.

그런데 만약 묶여 있던 죄수 한 명이 풀려나서 뒤를 돌아볼 수 있게 하고, 걸어서 입구의 불빛 쪽으로 데리고 가면 어떤 상황이 벌어질까? 그는 당장 고통스러워할 것이다. 왜냐하면 그는 그림자만 보는데 익숙한 눈을 가졌기 때문이다. 눈이 부셔 밝은 실물을 볼 수 없을 것이다. 그에게 지금까지 보아왔던 그림자는 허상에 불과하고 여기 있는 실물들이 진짜라고 말해 주면, 그는 당혹해 하며 앞서

봤던 그림자가 실상이라고 고집할지도 모른다. 그리고 더 나아가 불빛 자체를 보도록 강요하면 그는 눈이 아파 볼 수 없을 뿐더러 그림자 세계를 향해 달아날 것이다. 눈부심 때문에 실상이나 빛을 볼 수 없듯이 사람들은 지금까지 믿던 허상에서 쉽게 빠져 나오지 못하는 법이다. 만약 누군가가 죄수를 동굴로부터 험하고 가파른 오르막길을 통해 억지로 바깥으로 끌고 간다면 어떤 일이 벌어질까? 그를 햇빛 속으로 데려다 놓으면 그는 고통스러워 하며 자신을 데리고 온 사람에게 화를 낼지도 모른다. 왜냐하면 모든 것이 낯설고 제대로 볼 수도 없기 때문이다. 밝게 빛나는 태양 아래에서는 눈부심 때문에 진짜라고 하는 것들의 어느 것도 제대로 볼 수 없을지도 모른다.

동굴의 비유에서 소크라테스는 허상에서 진짜의 세계, 즉 진리의 세계로 가는 길이 얼마나 험하고 저항이 많을지를 잘 설명하고 있다. 동굴 안의 세계는 가시적이고 현상적인 세계이고, 동굴 밖의 세계는 지성으로 알 수 있는 이데아의 세계이다. 죄수가 현상계인 동굴 안에서 벗어나 동굴 밖의 이데아 세계를 보게 되려면 익숙해짐이 필요하다. 만약 죄수가 동굴 바깥으로 인도되면 눈이 아파서 잘 볼 수 없겠지만, 처음에는 자기가 익숙하게 보아왔던 그림자를 쉽게 보게 될 것이고 그 다음으로는 물속에 비친 상들을 볼 수 있게 될 것이다. 그런 다음에 나무나 동물 등의 실물을 보게 될 것이며 나아가 밤하늘의 달빛과 별빛도 볼 수 있게 된다. 낮에는 해와 햇빛을 보게 되고, 종국적으로는 물속에 비친 해의 투영으로서가 아니라 해 그 자체를 볼 수 있게 된다.

그래서 그림자는 실물이 투영된 영상에 불과하다는 것을 알게 되고 또 모든 동물과 식물들을 포함하는 실물들은 태양에 의해 존재한다는 것을 알게 된다. 동굴의 비유에서 알 수 있듯이 태양으로 인해 계절과 세월이 생기고, 보이는 실물의 모든 것이 태양 없이는 존재하지 못한다. 즉 모든 것의 궁극적 원인이 태양인 것이다.

시간이 흘러 동굴 밖의 세계를 다 관찰한 죄수가 다시 동굴 안으로 들어오면 어떻게 될까? 동굴 밖의 실제 세계를 알게 된 죄수는 동굴 안의 그림자 세계는 허상에 불과함을 말해 주고 싶을 것이다. 그는 동굴 안의 상황을 떠올리고 그곳에 남아 있는 죄수들을 불쌍히 여기게 된다. 만약 죄수가 다시 동굴 안으로 들어오게 되면 그는 눈이 어둠에 빨리 적응하지 못해 어색하고 때로는 다른 죄수들로부터 비웃음을 살 수도 있다. 그림자를 선명하게 구분하지도 못하고 다른 죄수들과의 대화에도 동참하기 어렵다. 동굴 바깥으로 가더니 눈만 버려 왔다고, 동굴 밖으로 나가려고 애쓸 가치조차 없다고 다른 죄수들은 이구동성으로 말할 것이다. 죄수인 자기들을 풀어 주고서 동굴 밖으로 인도해 가려는 자를 나쁜 사람으로 욕할 것이고 나중에는 죽이려고 달려들지도 모른다.

소크라테스는 무지한 인간을 깨우쳐 지성의 세계로 인도하는 것이 얼마나 어렵고 험난한지를 동굴의 비유로 보여 주고 있다. 그는 사람들을 진리의 세계로 인도하고 교육하는 것은 때로는 목숨을 바쳐야 할 정도로 위험한 길이라고 했다. 소크라테스는 진리의 전파가 얼마나 힘든 것인지 누구보다 잘 알고 있었지만, 그럼에도 불구하고 평생을 무지에 항거하며 살았다.

그는 무지에 투쟁하기 위해 자신의 목숨도 언제든지 버릴 수 있어야 한다고 생각했을 것이다. 소크라테스는 법정의 마지막 순간에도 자신에 대한 사형 선고는 배심원단의 무지에 기인한 것이라고 생각했다. 허상인 그림자만 보고 있을 뿐 동굴 바깥의 실물과 태양을 보지 못하는 배심원들이 잘못된 판결을 내린 결과이다. 배심원의 무지에 의한 잘못된 판결이었지만, 무지를 깨우치고 진리로 인도하는 것이 얼마나 힘든지 알기에 소크라테스는 기꺼이 독배를 마실 수밖에 없었다. 무지한 배심원들을 동굴 밖으로 인도하려는 소크라테스에게 배심원들이 죽이려고 달려든 꼴이 된 것이다.

죄수를 동굴 바깥으로 인도하듯 무지한 사람들을 지성의 세계로 인도하는 것은 교육이다. 교육은 어떤 다른 목적을 위해 진리가 아닌 것을 가르쳐서는 안 된다. 교육이란 마치 보지 못하는 눈에 시각을 넣어 주듯, 혼에 참된 지식을 넣어 주는 것이 되어야 한다. 맹인의 눈에 시각을 넣어 스스로 볼 수 있듯이, 무지한 영혼에 지식을 넣어 스스로 진리를 볼 수 있게 만들어야 한다. 소크라테스가 말하는 교육은 단순히 단편 지식이나 정보를 알려 주는 주입식 교육이 아니라, 눈이 사물을 보듯 영혼이 실물과 진리를 보는 능력을 길러 주는 것이다.

이데아

동굴의 비유에서 동굴 밖은 지성에 의해 알 수 있는 가지(可知)적 세계이다. 이 가지적 세계에서 모든 실물의 존재 원인이 되는 태양은 무엇을 의미할까. 소크라테스에 의하면 태양은 곧 이데아의 세계라고 말한다. 모든 존재의 근거가 되는 이데아가 무엇인지 살펴보자.

이데아는 이성주의의 효시라 할 수 있는 소크라테스 철학에서 아주 중요한 개념이다. 왜냐하면 이데아 개념에서 고대 희랍 철학의 지식과 존재론이 성립할 수 있기 때문이다.

여기 의자가 하나 있다고 가정해 보자. 이 의자는 어떻게 만들어졌을까? 의자는 아마 목수가 만들었을 것이다. 목수는 의자를 만들기 위해 우선 머릿속에 자기가 만들 형상을 그린다. 사람이 앉는 기능을 생각해야 하고, 이를 위해 다리 네 개와 받침대를 올려야 하며, 한쪽에 등받이를 만들어 기댈 수 있는 모양을 생각해 본다. 이처럼 제작자가 만들기 전에 우선 머릿속에 그려 보는 설계도, 즉 형상이 이데아이다. 여기서 중요한 것은 형상과 실제 의자가 백퍼센트 동일하지는 않다는 점이다. 아무리 형상을 따라 목수가 의자를 잘 만들었다 하더라도 가장 이상적으로 생각 속에 그린 형상과 똑같은 것을 현실에서 만들 수 없다.

또 다른 예를 들어 보자. 도화지에 한 변이 5센티미터인 정삼각형을 그린다고 가정해 보자. 머릿속에 이 정삼각형을 염두에 두고 도화지에 자를 사용하여 정확히 그릴 것이다. 물론 도화지에 그린 정삼각형을 존재하게 한 원인은 머릿속에 상상한 형상으로서의 정삼각형이다. 당연히 도화지 위의 정삼각형의 존재 근거가 되는 이데아는 생각 속의 형상인 정삼각형이 된다. 그런데 여기서도 형상과 실제 도화지 위의 삼각형은 정확히 동일하지는 않다. 아무리 정확하고 좋은 도구를 사용했다 하더라도 직선이 똑바른지, 각이 60도가 정확한지, 변의 길이가 정확히 5센티미터가 되는지 확신할 수 없다. 현실에서 그린 삼각형은 일억 분의 일밀리리터라도 변이 짧거나 길 수 있고, 일억 분의 일도라도 각이 크거나 작을 수 있기 때문이다.

즉 현실에 구현된 실제는 아무리 잘 만들었다 하더라도 생각 속의 이상적인 것과 동일할 수는 없다. 실제의 존재 근거로서 형상이 되고 만들어지기 위해 본이 되는 것이지만, 실제와는 영원히 동일할 수 없는 것이 바로 이데아이다.

논의를 좀 더 관념적으로 발전시켜 보자. 우리는 구조대원이 사람을 구출하기 위해 창문을 부수고 들어가는 행위를 정의롭다고 말한다. 하지만 도둑이 남의 물건을 훔치기 위해 창문을 부수고 들어가는 것은 악한 행위로 간주한다. 남의 창문을 부수고 들어가는 물리적 행위는 동일함에도 불구하고, 우리는 어떤 행위는 정의로운 것으로 또 어떤 행위는 부정의한 행위로 간주한다. 왜 그럴까? 소크라테스에 의하면 그것은 동일한 행위에 '정의'라는 것이 들어 있는가 아닌가의 차이이다. 즉 동일한 행위라도 정의라는 이데아가 들어 있으면 정의로운 행위가 되고, 부정의라는 이데아가 들어 있으면 악한 행위가 되는 것이다. 우리가 정의로운 행위를 하려면 행위에 정의가 들어 있어야 하고, 행위에 정의가 분유(分有)해 있으려면 행위자가 정의 그 자체에 대해 알아야 한다. 여기서 말하는 정의 그 자체는 바로 정의의 이데아이다.

용기의 경우도 마찬가지이다. 용기가 무엇인지를 우리가 알아야만 용감할 수 있다. 즉 용기라는 이데아를 알아야 한다. 경건함도 마찬가지이다. 경건함의 이데아가 실제로 그 행위 안에 있을 때 그 행위는 경건하다. 여러 가지 경건한 행위들이 서로 간에 여러 관점에서 다르다 하더라도 경건함이라는 이데아를 공통분모로 갖고 있는 것이다. 꽃이 아름다운 것은 아름다움이라는 이데아가 그 꽃에 참여하고 있기 때문이다. 그래서 모든 존재의 원인이 되는 태양, 즉 이데아에 대한 앎만이 참된 지식이라고 소크라테스는 말한다.

유명론과 실재론

여기서 중요한 의문을 제기할 수 있다. 지금까지 말한 이데아, 즉 의자의 형상과 아름다움 자체 등이 과연 실제로 존재하는가? 소크라테스에 의하면 인간의 이데아는 영혼이라 하는데, 그러면 과연 영혼은 실제로 존재하는가? 이 물음에 대하여 두 가지 의견이 대립한다.

모든 의자를 의자이게끔 해 주는 보편 개념인 이데아는 단순히 인간의 정신에 존재하는 개념상의 의미밖에 없다는 유명론(nominalism)이 있다. 사물이나 동물 등 모든 대상의 개체들만이 각각 존재하고, 보편이라는 것은 그 개체들을 통괄하여 부르는 이름에 불과하며, 사물을 비슷한 묶음으로 부르는 정신이 만들어 낸 개념에 불과하다는 것이다. 즉 유(類)와 종(種)은 인간이 만들어 낸 단순한 개념일 뿐이고, 그러한 추상적이고 보편적인 개념은 실제로 존재할 수 없다는 것이 유명론의 주장이다.

반면에 인간의 정신과는 별도로 이데아의 세계가 실제로 존재한다고 주장하는 것이 실재론(realism)이다. 이 견해는 유(類)와 종(種)의 개념이 사물 외부에 실제로 존재한다고 본다.

예를 들면 우리가 많이 사용하는 의자에는 사무용 의자, 공원 벤치, 안락의자, 소파, 자동차용 의자 등 종류가 무수히 많다. 이 모든 종류의 의자는 공통적으로 의자라는 보편 개념을 갖고 있다. 실재론에 의하면 조금씩 형태가 다르지만 이 모든 의자는 의자라는 공통분모를 갖고 있으며, 어딘지는 모르지만 실제로 존재하는 이데아의 참여에 의하여 모든 의자는 의자가 될 수 있다고 한다. 즉 의자의 보편 개념이 단지 정신 속에서의 관념이 아니라 정신과는 별도로 실제 존재한다고 실재론은 주장한다. 그러므로 의자라는 형상으로서의 이데아는 실제로 존재하며 이 의자 이데아에 의해 현실에서 의자가 존재할 수 있다는 것이 실재론의 주장이다. 당연히 의자의 이데아가 없다면 현실에서 의자는 존재할 수 없을 것이다.

지식과 정의

소크라테스는 이데아가 실제로 존재한다고 생각한다. 또 실제로 있는 이데아에 대해서 정확히 아는 것을 지식이라 부른다. 소크라테스는 정의로운 삶을 위해 우선 정의의 이데아에 대해 정확히 알아야 함을 강조한다. 무엇이 정의이고 무엇이 부정의인지 알지 못하면 정의로운 행위를 할 수 없다. 그러면 도대체 정의란 무엇일까?

정직함은 올바른 것이고, 남한테 받은 것을 그대로 갚아 주는 것이 정의라고 누구나 말한다. 과연 그럴까? 정의를 이렇게 단순하고 무조건적으로 말하는 것은 틀릴 위험이 있다. 왜냐하면 같은 행동을 하더라도 때로는 옳지만 때로는 옳지 못한 경우가 생기기 때문이다. 예를 들어 정신이 멀쩡한 상태에 있던 친구한테서 무기를 맡아 두었다가 나중에 그 친구가 미친 상태로 와서 되돌려 주기를 원한다면 과연 그것을 돌려주어야 할 것인가? 우리는 미친 친구에게 흉기를 돌려주는 일은 옳지 못하다고 말할 것이다. 왜냐하면 그로 인해 더 큰 희생이 일어날 가능성이 크기 때문이다. 그래서 상대나 상황에 대한 정확한 앎이 있어야 정의로운 판단이 가능하고 나아가 정의로운 행위가 가능하다.

또한 앎이 없이 결과만 정의로운 행위를 정의라고 말할 수 있을까? 자신의 의도와는 상관없이 우연히 올바른 행위를 하게 되었다든지 남에게 보이기 위해서 가식적으로 올바른 행위를 하게 되는 경우를 진정한 정의로운 행위라고 할 수 없을 것이다. 연말 자선냄비에 불우 이웃 성금을 넣는 경우를 보자. 불우 이웃에 대한 동정심에서 발동된 진정한 이타심에서 성금을 내는 사람이 있는 반면, 남들로부터 칭찬을 받거나 과시욕에서 형식적으로 성금을 내는 사람도 있다. 외형적 행위는 동일하지만 우리는 후자를 진정한 정의로운 행위로 인정하지 않을 것이다.

그리고 우연적이며 지속성이 없는 행위도 앎을 가진 진정한 정의로움으로 볼 수 없다. 일시적으로 한 번 정의로운 행위를 했다고 해서 우리는 그것을 진정한 정의로움으로 인정하지 않는다. 아리스토텔레스가 지적한 것처럼, 한 마리의 제비가 봄을 만드는 것도 아니며 좋은 하루가 봄을 만드는 것도 아니듯이 한두 번의 정의로운 행위로 인해 그 사람이 정의롭게 되지는 않는다.

만약 처벌이 두려워 할 수 없이 정의로운 행위를 하게 되었을 때 이를 정의라고 부를 수 있을까? 고대 희랍의 기게스(Gyges) 반지에 대한 이야기는 처벌이 없을 경우 인간이 얼마나 악한 행위를 서

습지 않고 할 수 있는지 잘 보여 준다.

  먼 옛날, 리디아라는 지방에 기게스라고 하는, 양을 키우는 목자가 있었다. 하루는 초원에서 양들에게 풀을 먹이고 있는데 갑자기 천둥과 번개가 치더니 지진이 나서 땅이 갈라졌다. 너무 놀랍고 신기해서 목자는 갈라진 틈을 따라 내려가 보았다. 거기에는 여러 가지 놀라운 것들이 많이 있었는데 목자는 그 중에서도 청동으로 만든 큰 말 조각상을 보았다. 청동 말 조각상에는 자그마한 문이 달려 있었는데 그는 몸을 구부려 안을 들여다보았다. 거기에는 사람 크기보다 더 커 보이는 송장이 하나 있었다. 이 송장은 아무것도 걸치지 않고 다만 손에 금반지를 하나 끼고 있었다. 목자는 이 금반지를 빼 갖고 밖으로 나왔다고 한다. 며칠 뒤 양의 주인에게 양들에 관한 일을 달마다 보고하기 위한 목자들의 모임이 열렸다. 이 목자도 반지를 끼고 모임에 참석했다. 다른 사람과 함께 자리에 앉아 있던 목자는 우연히 반지의 보석받이를 자신을 향해 안쪽으로 돌렸는데, 갑자기 자신이 다른 사람에게 전혀 보이지 않게 되었다. 이에 놀란 목자는 다시 그 반지를 만지작거리면서 보석받이를 밖으로 향하게 돌렸더니 이 돌림과 동시에 자신이 보이게 되었다고 한다. 필요에 따라 남에게 보이지 않게 되는 신통력이 반지에 있었던 것이다.

  만약 이 기게스의 반지를 끼고 있는 사람이라면 그는 처벌의 두려움 없이 무슨 일이든 할 수 있다. 기게스의 반지를 낀 사람은 물건을 마음대로 훔칠 수 있고 아무 곳에나 들어갈 수 있으며 아무도 모르게 남을 죽일 수도 있다. 과연 사람들은 기게스의 반지를 낀 상태에서도 정의로운 행위를 지속할 수 있을까? 부정의한 행위를 하지 않는 이유가 남의 시선과 처벌의 두려움 때문이라고 한다면 기게스의 반지를 소유하게 된 후에는 누구나 쉽게 부정의한 행위를 범할 유혹에 빠질 것이다. 사실 우리 인간은 처벌이 두려워 도덕적 행위를 하는 경우가 많이 있는 것 같다. 이런 경우 남의 시선이 두려워서 그리고 발각될 것이 겁나서 하게 되는 형식적 행위를 진정 정의로운 행위로 간주할 수 있을지 의문이다.

소크라테스에 의하면 올바른 것이 무엇인지에 대한 지식이 없이는 정의로운 행위를 할 수 없다. 즉 올바른 행위를 위해서는 정의의 이데아에 대한 앎이 선행되어야 한다. 행동이 과연 올바른 것인지, 어떤 의도로 행위를 하는지, 왜 이 행위를 하는지 등에 대한 정확한 지식이 있어야 그 사람의 행위는 진정한 정의로운 행위로 인정받을 수 있을 것이다.

소크라테스 정의론

그러면 도대체 소크라테스에게 있어 정의란 구체적으로 무엇인가? 소크라테스의 정의에 대한 설명은 고대 희랍의 시대 상황으로 거슬러 올라간다. 소크라테스 이전 시대에서는 어떤 사람이 정의로운 사람인가 아닌가의 판단은 바깥으로 드러나는 그 사람의 행위를 보고 결정할 수밖에 없었다. 그러나 행위만을 통한 정의에 대한 평가는 온전한 의미에서 한 인간에 대한 평가로 인정되기 힘든 경향이 있다. 왜냐하면 겉으로 나타나는 행위를 통해 한 인간을 평가하는 것은 그 사람에 대한 온전한 도덕적 평가로 보기에는 불충분한 측면이 있기 때문이다. 이는 결과적으로 나타나는 행위의 올바름이 그 사람의 내면의 가치와 일치하지 않는 경우도 많이 있음을 의미한다. 즉 비도덕적 동기에 의해 정의로운 행위가 이루어진 경우가 얼마든지 가능하다.

호메로스 시대의 전쟁 영웅들의 행위가 그러한 예가 될 수 있다. 호메로스의 영웅들은 용기를 보여 주는 정의로운 인간들로 간주될 수 있으나, 실상 그것은 선과 정의를 향한 고상한 용기의 발현이 아닐 수 있다. 예를 들어 전리품을 더 많이 차지하고자 하는 물적 욕심의 동기에서 또는 자신의 친구가 죽었기 때문에 원수를 갚고자 하는 복수의 감정이 원인이 되어 나타난 결과적 행위일 수 있다. 호메로스 시대의 정의로운 인간은 자신의 행위를 통해 타인에 의해 인정되는 한에서 비로소 정의로운 인간, 덕 있는 인간으로 인정될 수밖에 없었던 것이다.

소크라테스가 보기에 호메로스 시대의 영웅들처럼 외적인 행위에 의해 타인으로부터 정의로운 인간으로 인정받는 것은 기본적으로 문제가 있었다. 그래서 단순히 외적인 행위에 의해 인간을 평가할 것이 아니라, 내적이고 도덕적인 옳음에 근거한 정의의 기준으로 인간을 평가해야 한다고 소크라테스는 생각했다. 행위에 의한 판단은 외부 상황에 의해 영향을 많이 받고 또 너무 가변적이고 다양해서 확고한 정의를 규정할 방법이 되지 못했다. 이런 행위 대신에 인간의 내면에 존재하는 영혼에서 정의를 규명하고자 했다. 어차피 행위는 인간의 영혼에서 발현되는 종속 변수에 불과하다고 가정하면 영혼의 올바름을 규명함으로써 흔들림 없는 정의를 확립할 수 있다고 본 것이다.

그러면 개인의 영혼에 대한 올바름은 어떤 것인가? 즉 영혼이 어떤 상태에 있을 때 우리는 올바른 영혼이라고 말할 수 있는가? 올바른 영혼의 상태가 어떤 것인지를 알면 그 영혼의 상태를 우리는 정의라고 부를 수 있기 때문이다.

개인 영혼의 정의를 규명하기 위한 소크라테스의 방법론은 매우 특이하다. 개인의 정의를 설명하기에 앞서 우선 국가의 정의를 규명한다. 이는 동일한 내용의 글씨가 작은 글씨와 큰 글씨로 쓰인 두 가지가 있을 때 우선 읽기 쉬운 큰 글씨를 먼저 읽음으로써 나중에 작은 글씨를 더 쉽게 읽고 이해할 수 있는 원리 때문이다. 작은 글씨에 해당하는 개인의 정의 보다는 큰 글씨에 해당하는 국가의 정의를 먼저 규명함으로써 개인의 정의를 더 쉽게 설명할 수 있다는 논리이다. 플라톤의 『국가론』이 정의를 설명하는 책이지만 제목이 '국가'인 이유는 큰 글씨에 해당하는 국가의 정의를 먼저 장황하게 설명하고 있기 때문이다.

그렇다면 국가의 정의는 무엇인가? 소크라테스는 인간의 정의와 가치관을 실현할 수 있는 최종적이고 독립적이며 가장 이상적인 단체를 국가라고 보았다. 그러므로 국가의 정의가 규명되면 이를 개인의 정의에 그대로 적용할 수 있다고 소크라테스는 판단했다. 소크라테스가 주장하는 국가의 정의는 다음과 같이 정리될 수 있다.

소크라테스에 따르면 국가를 구성하는 시민은 자기 성향에 맞게 자기 역할을 수행함으로써 정의로운 국가를 만들 수 있으며 그 속에서 시민은 행복한 삶을 누릴 수 있다. 성향은 자신의 고유한 기질이나 적성을 의미하는데 소크라테스는 성향에 따른 행위와 역할을 매우 중요시 한다. 시민들은 그 역할에 따라 크게 통치자(統治者),

용사(勇士), 생산자(生産者) 세 부류로 나뉜다. 통치자는 지성에 의한 앎을 추구하고 철학적 사고를 즐기는 성향을 가진 부류이며 국가를 다스리는 역할을 한다. 통치자에게 최고의 덕(德)은 지혜(智慧)이며 이들은 지혜를 사랑하며 진리에 대한 탐구를 본성적으로 좋아하는 부류이다. 용사는 명예를 좋아하고 이기기를 즐기는 성향의 부류이며 이들은 전사로서 국가를 지키는 수호자 역할을 한다. 용사에게 제일 필요한 덕목은 당연히 용기(勇氣)이다. 마지막으로 생산자는 욕구가 강한 성향의 부류이다. 이들은 재물에 대한 욕구가 강하며 국가의 생산을 담당한다. 생산자는 세 부류 중 가장 큰 부류이며 이들에게 필요한 덕목은 절제(節制)이다. 재물에 대한 강한 욕구를 적절하게 절제하는 마음가짐이 당연히 필요할 것이다.

국가의 정의는 이들 세 부류가 각자 제 역할을 충실히 하며 서로 질서와 조화를 이룰 때 달성될 수 있다. 시민들 각자가 자신의 성향에 맞는 역할을 수행하며 성향에 맞지 않는 역할을 넘보지 않아야 한다. 예를 들어 용사가 통치자가 되겠다고 한다든지 생산자가 용사의 역할을 하겠다고 하면 안 되는 것이다. 이는 국가 전체적으로 효율을 저하시키고 구성원들 간의 조화를 어렵게 만들기 때문이다. 통치자는 국가와 시민의 행복을 위해 정의롭게 나라를 다스리고, 용사는 통치자를 보조하며, 생산자는 복종하는 역할을 함으로써 국가 전체적으로 질서와 조화를 이룰 수 있다.

이제 국가의 정의에서 개인의 정의로 넘어가 보자. 소크라테스는 국가의 정의와 개인의 정의가 크기만 다를 뿐 기본적으로 동일하다고 가정한다. 즉 국가의 정의는 큰 글씨에 해당하고 개인의 정의는 작은 글씨에 해당한다. 국가에 통치자, 용사, 생산자 세 부류가 있듯이 개인의 영혼도 이성(理性), 기개(氣槪), 욕구(欲求) 세 개의 영혼으로 구성되어 있다고 가정한다. 이것을 소크라테스의 영혼삼분설(靈魂三分設)이라고 한다. 이성은 지혜를 갖고 다스리는 영혼이며, 기개는 힘을 자랑하며 이기기를 좋아하는 영혼이다. 그리고 욕구는 먹는 것, 입는 것, 자는 것, 재물에 대한 욕구 등 부족한 부분을 채우려는 영혼이다. 국가와 마찬가지로 개인에 있어서도 이들 세 영혼이 조화를 이루며 각자의 역할을 잘 수행해야 한다. 이를 위해 이성, 기개, 욕구는 각각 지혜, 용기, 절제의 덕을 갖추고 제역할을 수행해야 한다. 각 영혼이 덕을 갖추지 못하고 지나친 강함으로 남의 역할까지 넘보면 질서와 조화를 이룰 수 없다. 예를 들어 욕구의 영혼이 너무 강해 이성의 영혼을 제압하면 그 사람은 탐욕스런 인간이 되어 남의 것을 훔치거나 빼앗는 부정의를 저지르게 된다. 이는 한쪽의 영혼이 너무 강해 영혼 간에 조화를 이루지 못한 것에 기인한다. 그러므로 국가의 정의와 마찬가지로 개인의 정의는 세 개의 영혼이 덕을 갖추고 각자 제 역할을 수행하며 서로 간에 질서와 조화를 이루는 상태로 요약될 수 있다. 질서와 조화를 이룬 평온한 영혼의 상태를 소크라테스는 정의라고 부른다.

영혼의 각 부분이 제 할 일을 하며 질서와 조화를 이룬 정의로운 영혼은 당연히 행동도 정의롭게 된다. 영혼이 정의로운 상태에서 부정의한 행동이 나타날 수 없는 것이다. 호메로스 시대에 가능했던 가식적이고 비도덕적인 행위는 정의로운 영혼의 상태에서는 걱정하지 않아도 된다. 정의로운 영혼은 당연히 정의로운 행위를 할 것이고, 정의로운 행위를 하는 사람은 질서와 조화를 이룬 정의로운 영혼의 상태를 이루고 있을 것임에 틀림없기 때문이다.

세 부분으로 분할된 각 영혼의 질서와 조화를 소크라테스는 정의라고 말하지만, 한마디로 요약하면 정의는 지혜의 덕에 의한 이성의 지배라는 의미로 압축할 수 있다. 지배자 역할을 하는 이성의 중요성을 강조하는 소크라테스를 이성주의의 효시로 보는 이유이다. 그래서 소크라테스의 정의는 지혜를 기반으로 하는 이성의 통제를 전제로 한다. 당연히 기개나 욕구가 너무 강해서 이성의 통제를 벗어나면 정의는 실현되기 어렵다고 보는 것이다. 기개나 욕구가 이성의 통제하에 있을 때 영혼의 질서와 조화를 이룰 수 있다. 영혼의 무질서와 부조화는 대부분 기개와 욕구가 이성의 통제를 벗어날 때 일어나며 이는 바로 부정의와 연결된다.

사실 현실에 나타나는 많은 범죄와 부정의를 보면 이성의 통제를 벗어난 욕구나 기개가 지나쳐서 일어나는 경우가 많다. 지식 또는 지혜를 근거로 이성에 의한 통제와 판단이 이루어지면 부정의가 범해질 가능성은 거의 없다. 그러므로 이성적 생각을 하는 인간이 지혜를 발휘하여 행동할 때 정의로운 인간이 된다.

여기서 제기할 수 있는 의문은 이성이 판단해서 결정하면 나쁜 짓이라도 정의로운 것인가이다. 이는 앞에서 설명했듯이, 정의에 대한 지식이 없이 이성이 작동한 것이기 때문에 당연히 정의롭다고 볼 수 없다. 이성의 판단이라 하더라도 나쁜 짓을 하기로 결정한 이성은 원천적으로 부정의한 것이 될 수밖에 없다. 그래서 정의로운 행위를 위해서는 이성이 지혜의 덕을 발휘해서 정의에 대한 지식을 갖출 수 있도록 해야 한다. 그러므로 우리는 정의가 무엇인지 항상 숙고하면서 지식에 의한 이성적 생각이 기개와 욕구를 통제할 수 있도록 해야 한다.

한때 논란이 되었던 심신미약(心神微弱) 감형의 사례를 소크라테스의 기준에서 보면 어떨까? 심신미약은 심신 장애로 인하여 사물을 변별할 능력이나 의사를 결정할 능력이 미약한 상태를 말한다. 심신미약의 경우 우리 형법은 그 형을 감할 수 있도록 되어 있다. 몇 년 전에 모 국회의원이 성희롱으로 구설수에 올랐으나 술김에 저지른 실수라고 하면서 흐지부지된 적이 있다. 또 적잖은 폭행, 음주 사고, 성범죄가 심신미약으로 형이 감해져 솜방망이 처벌로 끝나기도 한다. 우리나라의 경우 심신미약의 대부분은 술에 취한 경우이다. 그러면 술에 취해 저지른 범죄나 부정의를 심신미약으로 너그럽게 용서하는 주취감형(酒醉減刑)이 과연 옳은 것인가?

　소크라테스는 이런 심신미약 감형에 대해서 동의하지 않을 것이다. 정의는 기본적으로 이성의 판단을 전제로 하는데, 음주는 이성의 마비를 야기한다. 혹자는 술에 의한 이성의 상실은 고의적인 것이 아니기 때문에 정상 참작의 여지가 있다고 주장할지 모른다. 하지만 술을 마심으로써 의도적으로 이성의 지배를 포기하게 만든 책임이 작지 않다. 음주는 이성적 생각을 마비시켜 정의로움의 원천을 제거한다. 그래서 소크라테스 기준에서 보면 이성을 상실할 정도로 술을 마시는 행위는 그 자체로 범죄 못지않게 나쁜 행위이다. 그러므로 음주 상태의 범죄는 애당초 이성의 지배를 포기하고 나아가 정의를 포기하기로 작정한 것이기 때문에 결과에 대해서 에누리 없이 엄하게 책임을 물어야 한다.

정의의 충돌

정의에 대해 좀 더 논의를 진행시켜 보자. 우리가 정의가 무엇인지 알고 그에 따른 정의로운 행위를 한다면 당연히 정의로운 인간이 될 수 있다. 하지만 정의는 그렇게 간단한 문제가 아니다. 왜냐하면 단순히 앎을 갖고 있다고 해서 정의에 대한 명확한 판단을 내릴 수 없는 경우가 있기 때문이다. 이는 주로 정의가 상호 충돌할 때 발생한다. 이러한 충돌은 개인과 사회, 개인과 국가 차원에서 흔히 발견된다.

소크라테스가 말한 것처럼 서양의 정의는 국가의 정의에서 출발한다. 그러면 동양의 정의는 출발점이 어디인지 또 이 부분에 대해서 서양과 동양의 차이점은 무엇인지 비교 검토해 보는 것은 흥미로운 일일 것이다. 이를 통해 문화와 사회 여건에 따라 충돌하는 정의에 대한 비중이 동서양에 따라 약간씩 다름을 알 수 있다. 정의가 충돌할 경우 동양과 서양은 해결 방법에 있어서 어떤 차이점이 있는지 손병석 교수의 『호모주리디쿠스』의 일부 내용을 참조하여 논의를 진행해 보자.

우선 플라톤의 대화편 『에우티프론(Euthyphrōn)』에 나오는 소크라테스와 에우티프론의 중요 대화 내용을 한번 들어 보자.

> 소크라테스: 한데, 당신은 도대체 누구를 고소한 거요?
>
> 에우티프론: 저의 아버지이십니다.
>
> 소크라테스: 죄명은 무엇이고 무엇에 대한 소송이오?
>
> 에우티프론: 살인죄입니다. 소크라테스 선생님.

소크라테스: 살해된 사람은 친인척 중의 한 사람인가요? 설마 남을 위해서 아버님을 살인죄로 기소했을 리는 없을 테니까 말이오.

에우티프론: 소크라테스님! 선생님께서는 살해된 사람이 남인가 또는 친족인가에 따라 어떤 점에서 차이가 있다는 생각은 하시면서, 살인자가 정당하게 살인을 했는지 또는 그렇지 못한지 이 점만을 유의해야만 된다고 생각하지는 않으시니 우습군요. 또한 만약에 그가 정당하게 살인을 했다면 그냥 둘 것이로되, 그렇지 못할 것 같으면 기소해야만 된다는 걸 유념할 일이라는 것을 말씀입니다. 비록 그 살인자가 선생님과 같은 집에 기거하며 같은 식탁에서 밥을 먹는 사람이라 할지라도, 그래야만 한다는 거죠. 왜냐하면 선생님께서 아시고서도 그런 사람과 같이 지낼 뿐, 기소를 함으로써 선생님과 그 사람을 정화하려고 하지 않으신다면, 그 더러움(miasma)은 마찬가지가 될 것이기 때문입니다.

소크라테스: 에우티프론! 당신의 말은 일리가 있군요. 그런데 살인의 정황에 대해 설명해 주시오.

에우티프론: 살해된 사람은 머슴인데 이 사람이 술이 취한 상태에서 우리 가복(家僕) 한 사람을 죽였습니다. 그래서 아버지께서 이 자의 손발을 묶은 다음 도랑에 내동댕이쳐 놓고서는 아테네로 사람을 보내 어떻게 해야 할 것인지를 율법가한테 문의하도록 했죠. 그러나 결박되어 도랑에 버려진 머슴에 대해 별로 신경쓰지 않았고, 설령 그가 죽더라도 어쩔 수 없다 여기시고는 소홀히 하였습니다. 이런 일로 그는 죽게 된 것입니다. 포박된 상태로 굶주림과 추위로 말미암아 율법가한테 보낸 심부름꾼이 돌아오기도 전에 죽어 버린 것이지요.

위의 대화에서 보면 에우티프론은 살해당한 자가 친인척인가 아니면 이방인인가의 여부를 떠나 아버지의 행위가 부정의한 행위이기 때문에 살인죄로 고발하는 것이 정당하다는 입장을 주장하고 있다. 다시 말해 에우티프론은 희생자가 여자든, 노예든, 이방인이든 상관없이 누군가에 의해 살해당했다면, 설사 자신의 아버지에게 죽임을 당했을지라도 그러한 살인 행위는 부정의한 행위로서 처벌받아야 한다는 강한 정의관을 견지하고 있다. 이에 대한 소크라테스의 반응은 무엇일까? 죽임을 당한 사람이 누구든 상관없이 살인 행위 자체를 두고 객관적으로 판단한다면 에우티프론의 고소는 정당성이 있는 것 같다. 참된 진리만을 추구해 온 소크라테스는 당연히 에우티프론에 동의해야 할 것 같다. 그러나 소크라테스는 에우티프론의 처사에 전적으로 동의하지는 않는다. 에우티프론의 고소 행위에 원칙적으로는 찬성하지만, 사전에 충분한 숙고를 거쳤는지에 대해서는 부족한 면이 있다고 지적한다.

즉 에우티프론의 행위가 아버지나 신에 대한 존경의 관점에서 충분한 앎을 통해 이루어졌는지 소크라테스는 문제 삼는다. 올바른 행위나 덕스러운 행위는 필히 앎이나 지식에 따라 이루어져야 함을 강조한 소크라테스 입장에서 당연한 지적일 것이다. 정의도 중요하지만 아버지에 대한 존경, 즉 효(孝)도 무시할 수 없는 것이다. 소크라테스는 에우티프론의 정의감 넘치는 고소 행위에 대해 찬성하지만, 지식을 기반으로 한 충분한 숙고가 반드시 필요하다고 말한다. 그리고 당시는 법률 절차에 따라 정해진 친족과 그 외의 이방인, 노예 등은 신분이 전혀 달랐다. 그러므로 고소하기 전에 살해당한 자가 친족인지 이방인인지 등에 대한 지적인 숙고 과정이 좀 더 필요했다. 친족이냐 아니면 이방인이나 노예냐에 따라 에우티프론의 태도가 달라질 수 있음을 의미한다. 소크라테스의 이러한 지적은 고소 행위 자체에 대한 정당성 평가를 떠나 사전에 충분한 숙고 과정이 있어야 함을 강조하고 있다.

에우티프론의 고소에 대해서 소크라테스가 원칙적으로 찬성하는 입장임을 보여 주는 또 하나는 사회적 오염과 관련된 언급이다. 고대 희랍인들은 오염에 대한 도덕 관념을 갖고 있었다. 에우티프론이 아버지를 고발하는 행위는 기본적으로 공동체의 도덕적 오염을 방지하기 위한 행위로 볼 수 있다. 즉 아버지의 살인 행위를 묵과하면 아버지의 부정의한 행동으로 인해 결과적으로 공동체 전체를 도덕적으로 오염시킬 수 있다는 것이다. 그러므로 살인을 행한 아버지의 더럽혀진 손을 공적 기관에 고발함으로써 그에 합당한 처벌을 받게 해야 한다. 만약 이러한 처벌을 통해 범죄가 정화되지 않으면 부정의가 계속 남아 공동체 전체를 도덕적으로 타락시킬수 있다. 이러한 이유로 에우티프론은 아들인 자신이 아버지를 고소하고 그래서 공적 차원에서 처벌받게 함으로써 자신과 아버지를 먼 장래에 있을 수도 있는 부정의라는 도덕적 오염으로부터 사회를 보호할 수 있다고 주장한다. 개인의 도덕과 경건함이 공동체 정의와 충돌할 경우, 서양에서는 공동체 정의가 우선시되고 있음을 확인할 수 있다.

그러면 동양의 경우 정의의 충돌이 어떤 식으로 해결되는지 살펴보자. 『논어』13권 14장에 공자와 섭공의 다음과 같은 대화가 나와 있다.

섭공이 공자에게 말하기를 "우리 마을에 정직한 사람이 있으니 그의 아버지가 양을 훔치자, 아들이 고발하였습니다." 그러자 공자께서 말씀하시기를, "우리 마을에 정직한 사람이 있는데 그와 다릅니다. 아버지는 자식을 위하여 숨겨 주고, 자식은 아버지를 위하여 숨겨 주니 곧은 것은 그 가운데 있는 것입니다."

위 대화에서 섭공은 공자에게 자신이 다스리는 마을에 정의로운 아들이 있다고 자랑스럽게 말한다. 양을 훔친 아버지를 아들이 관가에 고발하였기 때문이다. 그러자 이 말을 들은 공자는 정의로운 아들이라면 양 한 마리를 훔친 아버지를 관가에 고발하는 것이 아니라, 숨겨 주는 것이라고 답한다. 공자는 일언지하에 정의의 의미를 효의 의미로 대체시켜 답하는 것이다. 이는 공자가 정의보다 효를 우선시하기 때문이다. 정의를 우선시하면 양을 훔친 아버지를 고발하는 것이 올바른 행위지만, 효의 관점에서 보면 자식으로서 해서는 안되는 행위를 범한 것이 된다. 공자 입장에서 자식으로서의 적절한 행위는 사회적으로 정의로운 인간이 되는 것이라기보다는 가정에서 효자가 되는 것이다.

공자의 제자 맹자 역시 효의 중요성을 강조한다. 『맹자』편에서 맹자와 그의 제자 도응은 다음과 같은 대화를 나눈다.

"순임금이 천자이고 고요가 법관일 적에 순의 아버지 고수가 살인을 했다면 어떻게 해야 될까요?"
맹자가 말했다. "법대로 집행할 뿐이다."
"그렇게 하면 순임금이 금하지 않겠습니까?"

"순임금이 어찌 금할 수 있겠는가? 전해져 온 법도가 있는데."

"그렇다면 순임금은 자식된 도리를 어떻게 합니까?"

"순임금은 천하를 헌신짝처럼 버리고 고수(아버지)를 몰래 업고 도망가 바닷가에 거처하면서 종신토록 즐거워하며 천하를 잊었을 것이다."

위 내용은 나라를 버리고 자신의 아버지를 업고 도망친 순임금의 이야기이다. 순임금의 아버지 고수가 살인을 했는데 순임금이 아버지를 법에 따라 벌 받게 해야 되는지를 묻는 내용이다. 이에 대해 순임금은 나라의 통치자로서 자신이 임명한 법관이 법에 따라 아버지를 벌주면 된다고 말한다. 그러나 순임금은 살인을 범한 아버지의 아들로서 아버지가 벌 받지 않도록 밤중에 업고 도망갔다는 것이다. 순임금은 한편으론 한 제국의 왕의 본분을 지켜 살인을 행한 아버지를 정의의 이름으로 처벌받도록 해야 하지만, 다른 한편으론 동시에 아들로서의 의무인 효를 실천해야 되는 상황에 처한 것이다. 이러한 도덕적 딜레마의 상황에서 맹자는 순임금이 효를 정의에 우선시하는 실존적 결단을 내린 것으로 말한다. 즉 순임금은 자식으로서의 의무인 효를 나라에 대한 의무인 정의보다 우선시하였다는 것이다. 그래서 그는 황제직을 버리고 밤중에 몰래 아버지를 업고 멀리 떠나 아버지에 대한 효를 행하면서 산 효자라는 것이다. 그리고 순임금의 자식으로서의 효의 실천이 그를 중국 역사에 길이 남을 현군으로 칭송받게 한 이유 중의 하나가 되었던 것이다. 동양의 공자나 맹자의 경우 개인의 정의인 효를 사회 전체적인 정의보다 우선시하는 것으로 이해된다.

그러면 고대 희랍과 고대 중국의 경우 작은 정의와 큰 정의가 충돌할 때 우선순위에서 차이가 나는 이유는 무엇일까? 동양이나 서양 모두 사회 구성원을 윤리적인 인간으로 만들기 위해 노력했다. 서양의 소크라테스는 국가(폴리스)적 정의를 내세우고, 동양의 공자나 맹자는 개인이나 가족 차원의 정의를 강조했다. 희랍에서는 폴리스적 정의를 규범적 원칙으로 채택하여 시민들을 정의로운 인간으로 교육시키고자 했다. 반면에 고대 중국에서는 사회의 최소 단위인 가족에서 정의를 수립함으로써 인간을 윤리적 심성으로 교육시킬 수 있다고 믿었다. 동양이나 서양에서 한결같이 구성원을 윤리적 인간으로 교육시키고자 하는 목적은 동일하나, 그 방법에서 동양은 개인 차원인 효에서 출발했고 서양은 국가 차원인 정의에서 출발했던 것이다.

　동양과 서양의 방법론적 차이는 어디에서 비롯된 것일까? 이러한 차이는 여러 복합적인 이유가 있겠지만 주로 문화나 지정학적 특성에서 비롯된 것으로 볼 수 있다.

　고대 중국의 경우 넓은 지역에 여러 열강들이 영토를 차지하기 위해 치열한 각축전을 벌이는 상황이었다. 국가가 건립되었다가 망하는 것이 다반사여서 안정적인 국가 운영이 어려웠다. 그리고 잦은 전쟁으로 국민은 국가에 크게 의지할 여건이 못 되었다. 이런 상황에서도 항상 굳건하게 유지되는 것은 가족이었다. 사회를 구성하는 최소 집단인 가족을 단위로 하여 윤리적인 원리가 생길 수밖에 없었다. 나라는 망해도 가족은 존재하기 때문이다. 가족만 살아 있으면 가족을 통해 나라는 언제든지 다시 만들어질 수 있다. 다시 말해 공자가 생각하기에 가족이든 국가든 그것은 인간을 온전한 의미의 도덕적 인간으로 만들어 줄 수 있어야 하는데, 이러한 윤리적 인간의 탄생이 바로 가족이라는 공동체를 통해서 비로소 이루어질 수 있는 것이다. 윤리적 인간의 도야와 육성이 국가보다는 가족에서의 교육으로 실현될 수 있는 것으로 보기 때문이다. 그래서 공자와 맹자는 국가를 불신하며, 인간의 도덕적인 자아 형성, 자기 계발, 자기 도야, 자기 함양은 가족이라는 공동체에서 이루어질 수 있다고 믿은 것이다.

서양 철학의 발상지인 고대 희랍은 그리스 반도를 중심으로 여러 개의 도시 국가(폴리스)들이 발전했다. 이들 도시 국가들은 요즘의 국가처럼 인구나 영토 면에서 규모가 크지 않았다. 도시 국가의 인구는 고작 몇 십만 명에 불과했다. 플라톤은 이상적인 폴리스의 규모를 인구 이십만 정도라고 제시하기도 했다. 그들은 페르시아, 이집트 등과 활발한 무역 거래를 통해 부를 축적하고 학문을 발전시켰다.

고대 희랍인들은 가족보다 국가를 더 기본적이고 완전한 단체로 인식했다. 국가를 통하여 정의를 실현하고 부를 축적하며 궁극적으로 인간의 행복을 추구할 수 있다고 믿었다. 소크라테스가 개인의 정의를 파악하기 위해 먼저 국가의 정의를 규명할 것을 제안한 것도 이러한 이유 때문이다. 즉 먼저 국가의 정의를 알아야 개인의 정의를 규명할 수 있다는 것이다. 이는 개인 차원의 정의인 효를 먼저 확립해야 그 다음 전체적인 정의가 확보될 수 있다는 동양의 믿음과는 정의에 대한 접근 방식이 서로 다름을 보여 준다.

고대 희랍인들이 효보다는 폴리스적 정의를 우선시하는 전통적 인식을 신화에서도 찾아 볼 수 있다. 고대 그리스 신화에는 신들이 친족을 죽이는 일이 종종 등장한다. 특히 올림푸스 신전의 주신(主神)인 제우스가 탄생하는 신의 계보를 보면 동양의 효 사상에서는 도저히 용납될 수 없는 존속 살해가 등장한다.

제우스의 아버지인 크로노스가 주신으로 되기 전에는 우라노스가 주신이었다. 우라노스의 아내는 땅의 신인 가이아였다. 우라노스는 제 아이들이 세상에 나오는 것을 싫어해서 가이아의 거대한 몸속에 가두어 두면서도 한편으로는 끊임없이 아이들을 갖게 한다. 가이아는 이 고통을 멈추기 위해 어떤 계책을 꾸미고 아이들을 설득하여 공조를 구하려고 하나 아무도 따르지 않는다. 마침내 막내아들인 크로노스를 설득하는데 성공하여, 그로 하여금 낫을 갖고 있다가 우라노스가 교접을 꾀할 때 고환과 함께 그 남근을 자르게 한다. 이렇게 해서 결국 우라노스를 죽이고 막내아들 크로노스가 주신이 된다.

제우스의 아버지인 크로노스가 주신이었을 때, 그는 아내 레이아와 자기 사이에서 태어나는 한 아이가 언젠가는 자신의 지위를 빼앗게 될 것이라는 예언을 듣게 된다. 그래서 크로노스는 아내가 아이를 낳는 족족 삼켜 버렸다. 레이아가 한 아이를 낳았을 때 그녀는 아이를 살리기 위해 크레타 섬의 아가이온 산에 숨기고, 아이 대신에 배내옷으로 싼 돌을 크로노스로 하여금 삼키게 한다. 이렇게 해서 살아남게 된 아이가 훗날의 제우스이다. 제우스는 성장해서 메티스 여신의 도움으로 얻은 약을 크로노스로 하여금 먹게 하고, 이 약을 먹은 크로노스는 이전에 삼킨 자식들을 다 토해 낸다. 자식들은 힘을 합쳐 아버지 크로노스를 지하 세계의 제일 밑바닥인 타르타로스에 가두어 버린다. 이 싸움은 10년에 걸친 것이었고 이렇게 해서 제우스를 주신으로 하는 올림푸스 신들의 시대가 열리게 된다. 고대 그리스 신화에서 알 수 있듯이 서양은 가족이나 혈연 등 개인 차원의 여건이 사회적 정의에 우선시될 수 없음을 보여 준다.

정의로운 사람이 되기 위해서 우리는 정의가 무엇인지 알아야 하고, 정의가 무엇인지 알기 위해서는 지식이 필요하다. 개인과 가족 차원의 효와 사회적 국가적 차원의 정의가 충돌할 때 우리는 어떻게 판단하고 행동할 것인가? 동양과 서양 어느 쪽이 옳다고 단정 지어 말할 수는 없다. 상황에 따라 효가 우선시될 수도 있고 무시될 수도 있다. 어떤 상황이든 가장 정의로운 선택을 하기 위해서는 지식이 필요하다. 완전한 정의는 아닐지라도 정의를 위해 부단히 지식을 추구하고 생각하는 자세가 소크라테스가 주장하는 정의의 첫걸음이 아닐까 싶다.

민주 정체 비판

소크라테스가 사형 선고를 받은 형식적 이유는 청년 타락죄와 불경건죄이지만, 실질적으로는 정치적 이유 때문인 것으로 밝혀졌다. 당시는 아테네 직접 민주주의가 한창 꽃피던 시기였다. 다수에 의해 통치되는 민주 정부이기 때문에 소크라테스에게 사형을 선고한 것이 가능했을지도 모른다. 왜냐하면 소크라테스는 민주 정부에 대해 그리 호의적이지 않았기 때문이다. 민주 정체는 어떤 결함을 갖고 있기에 성인 소크라테스에게 사형을 내릴 수밖에 없었는지 궁금하다. 대중에 의해 통치되는 민주 정부는 소크라테스와 어떤 갈등 관계에 있는가? 표면적인 갈등 이면에 존재하는 근본적인 이유, 즉 사상과 원칙의 다름이 있음을 확인해 보자.

아테네 민주주의

고대 희랍의 아테네에서는 기원전 508년~507년 무렵 개혁적 정치가인 클레이스테네스(Kleisthenes)가 민주 헌법을 공표하면서부터 민주주의가 뿌리내리기 시작했다. 이때부터 기원전 322년 아테네가 마케도니아에 의해 멸망할 때까지 180년 동안 인류 역사상 모범이 되는 찬란한 민주주의가 꽃피게 된다.

고대 희랍 사회도 처음에는 예외 없이 일인 군주 지배 체제였다. 그러다가 기원전 7~8세기부터 귀족이나 소수의 실력자가 지배하는 과두 지배 체제가 나타나게 된다. 이는 국방과 통치의 효율성을 위해 성채를 쌓고 도시 국가를 형성하면서 귀족 계급의 등장을 촉진하였기 때문이다. 도시 국가인 폴리스는 귀족들이 단합하기 좋은 여건을 만들어 주었다.

그러나 귀족의 착취가 심해지면서 농민과 시민의 불만이 높아 갔고, 이 틈을 이용하여 그동안 귀족으로부터 홀대를 받았던 세력이 개혁을 명분으로 내세워 지배 체제의 실력자로 등장하게 된다. 이들은 훗날 폭군으로 낙인찍히게 되는 참주들이다. 7세기경부터 시작된 참주 체제는 일체의 계급 차별을 철폐하면서 예술과 학문을 적극 장려하였다. 참주들의 폭군 정치는 부정적 통치의 대명사로 불리지만, 다른 한편으로 민주주의와 철학이 아테네에서 융성해지는데 결정적으로 기여한 측면이 있다.

기원전 7세기가 끝나갈 무렵 아테네에는 가진 자와 못 가진 자 사이의 불평등이 극에 다다랐다. 이런 상황에서 솔론(Solon, 기원전 640년~558년)이 등장해 부자와 가난한 자 양쪽을 절충하는 법을 만들어 불평등을 극복하려 했다. 양쪽 다 솔론의 제안에 만족스러워하지 않았지만 파국을 모면하기 위해 그의 제안을 수용할 수밖에 없었다. 재산의 많고 적음에 관계없이 모든 시민이 평등하게 대우받는 법을 정하여 시행했다는 점에서 솔론의 개혁은 역사적인 의미를 가진다. 즉 귀족 중심의 국정 운영이 아니라 평민도 국가의 주체로 참여했다는 점에서 민주주의로의 큰 걸음을 내딛는 조치였다.

기원전 6세기가 되면서 지중해 동쪽을 중심으로 해상 무역업이 크게 번성했다. 이 과정에서 아테네의 농민과 수공업자의 영향력도 함께 높아졌다. 클레이스테네스는 원래 과두정의 우두머리였다. 그러나 권력 투쟁에서 밀려나게 되자 이를 만회하기 위해 당시 영향력을 높여가던 농민과 수공업자 등 평민들을 자기편으로 만드는데 성공하였다. 이들 평민들의 지지를 업고 클레이스테네스는 권력을 다시 획득할 수 있었다. 자기 권력에 대한 반대급부로 그는 평민들에게 정치 참여를 합법화시켜 주고, 지금까지 재산과 신분으로 차등을 두었던 불평등 제도를 근본적으로 개혁했다. 클레이스테네스는 혈연 중심의 네 개 부족을 지역 중심의 열 개 부족으로 재편함으로써 혈연을 약화시키고, 지역을 중심으로 한 시민의 세력을 키워 풀뿌리 민주주의의 기틀을 마련했다.

클레이스테네스는 민회, 5백인 평의회, 장군제, 시민 재판소, 도편 추방제(陶片追放制) 등 아테네 민주주의의 골격이 되는 중요 제도들을 도입했다. 민회와 시민 재판소는 20세 이상 시민 가운데 각각 6천 명을 추첨으로 선정해 구성되었다. 민회는 법률을 제정하고 장군과 행정관을 선출했다. 5백인 평의회는 30세 이상 시민으로 구성되었으며 주로 민회 안건을 사전 심의하는 기능을 했다. 최고 집정관인 장군은 1년을 임기로 선출했다. 짧은 임기 때문에 전문성을 살리기 힘든 단점이 있지만, 부패를 방지하는 장점을 희랍인들은 높이 평가한 것 같다. 도편 추방제는 부패나 범죄와 관련 있는 지도자를 해외로 추방함으로써 사회의 오염을 방지하였으며, 참주나 폭군의 등장을 미연에 방지하는 기능을 했다. 살라미스 전투의 영웅 테미스토클레스 등 9명이 실제로 추방되기도 했다. 이와 같은 민주적 제도를 최초로 도입한 클레이스테네스가 아테네 민주주의의 초석을 다진 인물로 평가받는 것은 당연한 일이다.

그러나 엄밀히 말하면 클레이스테네스의 개혁은 평등의 정의를 실현하는 데 큰 기여를 했으나, 평민이 주인이 되는 제대로 된 민주주의를 구축했다고 보기 어렵다. 아테네의 진정한 민주주의는 페르시아 전쟁을 거치는 동안 평민의 정치적 영향력이 크게 향상되면서 급격하게 발전하게 된다. 평민 또는 민중이 주인되는 민주주의를 아테네에서 최초로 꽃피운 사람은 페리클레스(Perikles, 기원전 495년~429년)라고 할 수 있다. 페리클레스는 기원전 431년 아테네 민주주의의 특징을 잘 보여 주는 유명한 연설을 했는데, 이 민회 연설문은 오늘날에도 귀감이 되는 민주주의 가치관을 담고 있다.

"나는 우리의 정부 조직이 이웃 국가들의 제도들을 모방하지 않았음을 말하고자 합니다. 우리가 다른 사람들을 본받은 것이라기 보다는 다른 사람들에게 본보기가 된 것입니다. 우리의 정치 체제는 민주주의(demokratia)라고 부르는데, 이는 권력이 소수의 손이 아니라 전 국민의 손에서 나오기 때문입니다. 사적인 분쟁을 해결하는 문제에서 모든 사람은 법 앞에 평등합니다. 그러나 어떤 사람을 공적인 책임 있는 자리에 다른 사람보다 위에 둘 때 중요하게 고려되는 것은 그의 출신 성분이 아니라 그의 실제적인 능력입니다.

어떤 사람에게 국가에 봉사할 능력이 있다면, 가난 때문에 정치적으로 빛을 못 보는 일은 없습니다. 그리고 우리의 정치 생활이 자유롭고 개방적이듯이 다른 사람들과의 관계에서 일상 생활 또한 개방적입니다. 만일 우리 이웃이 자기 방식대로 즐긴다 해서 그 사람에게 화를 내지 않으며, 또는 실제적인 해를 입히는 것은 아니나 감정을 상하게 할 수 있는 불쾌한 표정조차 내보이지 않습니다. 우리는 우리의 사생활에 대해서 자유롭고 관용적입니다. 그러나 공적인 문제에서 우리는 법을 준수합니다. 그 이유는 법은 우리가 존중할 만큼 가치가 있기 때문입니다."

－『서양 문화의 역사 1: 고대편』, 페리클레스 연설문 일부

페리클레스는 기원전 467년~428년까지 긴 세월 동안 통치자의 권력을 누렸다. 아테네 장군이 매년 민회의 투표를 통해 선출되었던 점을 고려하면, 서른 번이나 전폭적인 지지를 받았다는 의미가 된다. 이러한 그의 인기는 감정에 호소하지 않으면서 지적인 연설에 능했고, 다른 정치인과 달리 재물의 유혹에 넘어가지 않는 강직한 성격이 있었기에 가능했다. 그러나 페리클레스가 아무리 민주적 지도자라 하더라도 삼십 년 장기 집권은 그를 절대 군주에 버금가는 권력의 통치자로 만들었으리라 짐작된다. 그래서 자유주의적 개혁과 민주적 정의가 권위주의적 지도자에 의해 더 잘 이루어질 수 있다는 역설의 본보기로 페리클레스가 종종 언급되기도 한다.

페리클레스가 죽은 후 아테네의 정치는 급격하게 악화되기 시작한다. 페르시아 전쟁의 일등 공신이었던 해상 군사력이 해상 운송로 보호라는 명분하에 급격하게 제국주의적 팽창에 동원되면서 사태는 더욱 악화된다. 여러 주변 도시 국가들이 아테네에 반발하기 시작한 것이다. 이들 반발 세력을 등에 업은 스파르타가 아테네를 결정적인 위기로 몰아넣었다. 물론 이러한 아테네의 몰락에는 내부 요인도 매우 컸다. 유례없는 혹독한 전염병으로 수많은 인명 피해가 발생한 데다 국가 지도자들은 국가의 존망이 걸린 전쟁마저도 사리사욕을 챙기는 데 활용하는 등 내분과 부패가 극심하였다.

스파르타가 개입하면서 아테네의 민주정이 무너지고 기원전 404년, 폭정인 30인 과두정이 수립된다. 친 스파르타계의 과두정이 집권하게 된 이유는 부자들이 전쟁 때 스파르타와 내통했기 때문이라고도 한다. 소크라테스는 펠로폰네소스(Peloponnesos) 전쟁에서 아테네가 패배한 이유로 민주주의의 폐해를 거론하기도 한다. 수많은 무고한 인명을 앗아간 30인 과두정은 8개월의 단명으로 막을 내리고 다시 민주정이 들어선다. 이러한 민주정과 30인 폭정이 번갈아 수립되던 격변기에 소크라테스는 왕성한 학문적·사회적 활동을 했고, 종국에는 민주정의 법정에서 죽임을 당하게 된다.

소크라테스는 자기를 죽인 민주 정체를 가장 나쁜 정체인 참주 정체 다음으로 나쁜 정체로 분류했다. 소크라테스는 정체를 다섯 가지로 구분했는데 다음에 설명할 각 정체의 특징과 생성 원인에 대해 플라톤 대화편 『국가』의 내용을 참조했다. 민주 정체와 자유에 대한 소크라테스의 비판은 현대 민주주의에 대해 많은 시사점을 준다.

페리클레스(Perikles, 기원전 495년~429년)

페리클레스는 기원전 5세기에 풍미했던 유명한 정치가이다. 클레이스테네스의 정치개혁에 이어 오랫동안 아테네에서 민주주의를 꽃피우는 데 크게 기여했다. 그는 민주주의에 대한 확고한 신념을 가졌으며 대중의 감성을 잘 이해하는 지도자로 30여 년 동안 아테네를 지배했다. 그래서 혹자는 그를 선동가이며 대중을 이용한 독재자라고 비판하기도 한다.

다섯 가지 정체

왕도 정체

소크라테스가 가장 이상적으로 생각하는 국가는 나라를 가장 훌륭하게 다스릴 수 있는 사람이 통치하는 국가다. 이는 가장 올바른 사람이 나라를 올바르게 다스리는 방식으로, 소크라테스는 이를 최선자(最善者) 정체라고도 부른다. 동양에서는 맹자가 폭력이 아닌 덕으로 나라를 다스려야 함을 강조하면서 왕도(王道) 정치를 말했는데, 훌륭한 통치자나 왕을 의미하는 점에서 서로 유사한 개념이다. 굳이 차이점을 말하자면, 소크라테스는 앎이 있는 통치자를 의미하고 맹자는 덕으로 다스리는 왕을 의미한다는 점이다. 그러나 앎이 있어야 덕을 잘 발휘할 수 있다는 소크라테스의 언급으로 볼 때 결국 같은 의미라고 할 수 있다.

그러면 왕도 정체에서 훌륭한 통치자란 어떤 사람인가? 앎, 즉 지식을 지닌 통치자란 어떤 사람일까? 동굴의 비유에서 동굴 안의 세계, 즉 상상이나 짐작, 억견, 믿음 등은 지식이 될 수 없다고 했다. 동굴 밖의 가지적 세계에 대한 앎을 가진 사람, 즉 만물의 원인이 되는 태양이나 이데아에 대해 알고 있어야 참된 지식을 갖춘 사람이라 할 수 있다. 지성에 의해 알 수 있는 참된 지식을 가진 사람은 철학자이다. 그러므로 소크라테스는 철학자가 통치자가 되어야 한다고 말한다. 철학자는 동굴 안의 억견이 아닌, 동굴 밖의 참된 지식을 아는 사람이기 때문에 훌륭한 통치자가 될 수 있는 것이다.

철학자가 통치자가 되어야 하는 또 다른 이유가 있다. 철학자는 지식을 사랑하는 사람이지, 권력을 사랑하는 사람이 아니기 때문이다. 철학자는 권력에 관심이 없다. 그는 왕이 되는 것을 싫어하고, 세속적 작위에 관심이 없으며, 물욕도 없다. 이상 국가에서는 권력에 관심이 없는 사람이 통치를 해야 하며 만약 권력을 쫓는 사람이 통치를 하면 서로 경쟁하고 싸우게 될 것이 자명하다. 그러므로 지식에만 욕심이 있고 권력에 욕심이 없는 철학자가 통치자가 되는 것은 당연하다.

소크라테스의 구상은 철학자가 통치자가 되는 것에 만족하지 않는다. 철학자도 인간이기에 언젠가는 타락할 가능성을 전혀 배제하지 못하기 때문이다. 그래서 소크라테스는 철학자 통치자에게 세 가지 추가 조건을 제시한다. 우선 통치자는 사유 재산을 소유해서는 안 된다. 통치자는 공정한 정치적 업무에 몰두해야 하며 개인적인 치부에 관심을 가져서는 안 되기 때문이다. 재산을 갖게 되면 또 다른 물욕이 생김으로 원초적으로 사유 재산을 금하는 것이다. 둘째는 처와 자식을 공유할 것을 제시한다. 개인적으로 가족이 생기면 아무래도 혈연에 끌려 공정한 판단을 할 수 없을 가능성이 존재하기 때문이다. 마지막으로 참된 지식을 많이 알고 있는 사람이면 여자라도 충분히 통치자가 될 수 있어야 한다는 것이다. 여성 통치자는 당시로서는 획기적인 제안이 아닐 수 없다. 지식 앞에 남녀 차별도 있을 수 없을 정도로 지식을 최고의 가치로 여기는 소크라테스의 단면을 엿볼 수 있다.

그러면 소크라테스가 말한 대로 완벽한 지식을 겸비한 철학자가 현실에 존재할 수 있을까? 만약 그런 이상적인 철학자가 있다면 그리고 그런 철학자가 통치한다면 분명히 훌륭하게 나라를 다스릴 수 있을 것이다. 하지만 모든 것을 알고 있고 모든 것을 완벽하고 공정하게 판단할 그런 사람은 현실에 없다. 지식과 완벽함을 갖춘 존재는 신밖에 없기 때문이다. 결국 소크라테스의 왕도 정체는 논리적으로는 가장 이상적인 정체가 맞지만, 현실적으로는 실현이 어려운 정치 체제라고 말할 수 있다.

하지만 요즘 완벽한 지식을 갖춘 통치자에 의한 왕도 정치가 현실화 될 수 있는 일말의 가능성이 발견되고 있다. 2016년에 구글의 인공 지능(AI: artificial intelligence) 알파고가 이세돌 프로 기사와 바둑을 두었다. 알파고(AlphaGo)란, 컴퓨터 바둑 프로그램이며 그 이름은 구글의 지주 회사 이름인 '알파벳'의 이니셜이자 그리스 문자의 첫 번째 글자로 최고를 의미하는 알파(a)와 바둑의 영어식 발음인 고(Go)가 합쳐진 명칭이다. 세계의 이목이 집중된 이 대회에서 알파고는 다섯 판을 두어 네 판을 이김으로써 사람들을 놀라게 했다. 알파고의 작동 원리를 살펴보면 알파고가 이기는 것이 어쩌면 당연한 지도 모른다. 알파고는 3천만 개 바둑 기보를 저장하고 있으며 매번 한 수를 둘 때마다 10만 번 넘는 경우의 수를 검토한다고 한다. 더구나 알파고는 실전을 통해 습득한 데이터를 스스로 가다듬는 강화 학습 프로그램이 있어 시간이 지날수록 더욱 실력이 향상된다. 이런 막강한 인공 지능을 상대로 인간이 어떻게 이길 수 있겠는가. 이세돌 기사가 한 판을 이겼다는 것도 놀랍고 대단한 일이 아닐 수 없다. 인공 지능의 빅데이터(big data)를 활용한 자기 강화 학습은 갈수록 그 위력이 세지고 있어 지금은 인공 지능에게 인간이 이길 수 없음을 모두가 인정한다. 1초에 테라(Tera, 조 단위)급의 처리 능력을 보여 주는 인공 지능 칩의 등장은 우리의 상상을 뛰어넘는 변화를 불러올 것이 확실해 보인다.

알파고를 만든 딥마인드(Deepmind) 회사에 따르면, 앞으로 인공 지능을 활용하여 의료, 여행, 기후 변화 등에 획기적인 변화를 가져 올 것이라고 한다. 일각에서는 앞으로 수십 년 내에 인공 지능이 많 은 분야에서 활용될 것이라고 한다. 과거 산업화 시대에 많은 기계 들이 인간의 육체노동을 대신해 왔다면, 앞으로 인공 지능은 인간 의 정신노동까지 대체하게 될 것이라고 한다. 제일 먼저 인공 지능 이 대체할 직업으로는 텔레마케터, 운전기사, 법조 업무(판사, 변호 사), 회계 업무(회계사, 세무사), 금융 전문가, 기자, 의사, 통역사 등 을 예견하기도 한다.

만약 인공 지능의 가능성을 무한히 확장한다면 과연 못할 기능 이 무엇이 있을까? 물론 창의적인 사고를 필요로 하는 예술 분야는 인공 지능이 대체하기는 힘들 것으로 예상한다. 그러면 창의적 예 술과 상관이 없는 통치 또는 정책 분야도 인공 지능이 그 역할을 수 행할 수 있지 않을까? 정부 정책의 주요 역할이 분배, 국민의 행복 증진, 환경에 능동적 대응이라는 측면에서 보면 완벽에 가까운 무 수한 정보를 습득하고 있는 인공 지능이 인간보다 그 역할을 더 잘 수행할 가능성이 높다. 왜냐하면 수많은 정보를 기반으로 판단하 는 역할은 습득하고 있는 정보의 양에 의해 그 승패가 좌우되기 때 문이다. 엄청난 양의 정보(빅데이터)를 활용하는 인공 지능은 이제 자연 과학을 넘어 인문 사회 과학까지 모든 것을 로봇(컴퓨터)이 처 리하는 시대를 열게 될 것이다.

2500년 전에 소크라테스가 주장한 참된 지식을 가진 철학자에 의한 통치는 사실 그 논리적 타당성에도 불구하고 현실성이 약해 빛이 바랬다. 하지만 기술이 발달하여 인공 지능이 가능해지면서 현실화될 확률이 엿보인다. 물론 인공 지능은 철학자도 아니고 사람도 아니다. 하지만 인공 지능이 지식을 갖고 정책 수립을 한다는 의미에서 철학자가 지배하는 소크라테스의 왕도 정체와 유사한 측면이 있다고 할 수 있다.

명예 정체

정체가 바뀌는 원인은 관직을 장악하고 있는 집단 내부의 갈등 때문인 경우가 대부분이다. 시간이 지나면서 집단에 내분이 생기는 이유는 성향이 다른 사람이 태어나기 때문이다. 모든 것은 생성 소멸의 과정을 겪는데, 소크라테스는 좋은 생성과 출산을 위해 완전수(完全數)를 포함하는 주기를 따라야 한다고 주장한다. 이러한 주기에 따라 나은 출생과 더 못한 출생이 좌우된다. 이는 적기(適期)가 아닌 때에 신부와 신랑이 동숙하면 훌륭한 성향이 아닌 아이가 태어나는 이유이기도 하다. 성향이 다른 아이가 태어나듯이 통치 집단 내부에 성향이 다른 사람이 자연스럽게 섞이게 된다는 뜻이다. 고대 희랍에서는 사람의 성향을 금, 은, 청동, 철 등으로 분류했는데 이들 금속이 섞이면 정체가 불분명하게 되어 오염되거나 이물질이 되듯이, 사람도 섞이면 조화롭지 못한 불규칙적 성향이 된다. 이런 조화롭지 못한 성향에서 전쟁과 적대심이 발생한다. 그래서 재물을 좋아하는 철, 청동의 부류와 정신적 부유함을 추구하는 금, 은 부류가 격렬하게 서로 다투게 된다. 격렬한 다툼과 항거 끝에 두 부류는 중간선에서 합의를 보게 된다. 결국 돈벌이와 토지를 소유하는 부류와 옛날 왕도 정체에서 정신적 부유함을 추구하는 부류가 합의를 보게 되어 전쟁과 명예를 소중히 여기는 명예(名

譽) 정체가 탄생하게 된다.

기본적으로 명예 정체는 왕도 정체와 과두 정체의 중간 단계 정체이다. 그렇기 때문에 어떤 면에서는 왕도 정체의 흉내를 내겠지만, 다른 면에서는 과두 정체의 흉내를 낸다. 그래서 왕도 정체에서의 시가보다는 체육과 전쟁 훈련에 관심이 높다. 나라를 통치하는 사람들이 격정적이고, 평화보다는 전쟁 취향인 쪽으로 기우는 경향이 강하며, 전쟁과 관련된 계략과 전술들을 존중하고 즐긴다.

앞에서 다룬 왕도 정체와 명예 정체 그리고 다음에 언급할 과두 정체는 기본적으로 이성, 기개, 욕구의 세 가지 성향에 따른 구분이다. 즉 왕도 정체에서는 이성이 통치하고, 명예 정체에서는 기개의 성향이 통치를 하며, 과두 정체에서는 재물을 중시하는 욕구가 강한 사람이 통치하는 것으로 이해하면 구분하기 쉽다. 이성과 욕구의 중간이 기개이듯이 왕도 정체와 과두 정체의 중간 단계가 명예 정체가 되는 것이다.

그러면 사람이 명예를 좋아하는 성향을 갖게 되는 사례를 들어보자. 잘못 다스려지고 있는 나라에서 훌륭한 아버지를 둔 어린 아들이 있다고 하자. 그의 아버지는 관직과 송사 그리고 모든 참견이나 골칫거리를 피하고 심지어는 자기 권리까지도 포기하는 고매한 사람이다. 아버지는 자기 자신에 대해서만 마음 쓰고 남으로부터 존경을 받거나 남을 무시하거나 하는 것에도 관심이 없다. 아들은 누군가가 아버지에게 재물을 빚지고 있는데도 갚지 않거나 다른 사람이 올바르지 못한 일을 저질렀는데도 고매한 아버지가 고소하지 않는 것을 보게 된다. 아들은 아버지의 생활 습관을 가까이서 보며 한편으로 남들의 것과 비교해 보기도 한다. 그는 아버지의 사는 방식에 의문을 가지게 되고 당연히 아버지보다 한결 더 남자답게 되기를 권유받게 된다. 더구나 나라 전체에서 보면 자신의 일이나 하는 고매한 사람들이 바보 취급받으며 보잘 것 없는 사람으로 간주된다.

아들은 아버지의 이성적인 부분을 존중하는 한편 남들과 비교하여 욕구적인 부분도 키우게 된다. 결국 그는 이성적인 부분과 욕구적인 부분 양쪽에 끌리어서 그 중간에 오게 되며, 자신의 주도권을 중간 부분 즉 기개적인 부분에 넘겨주게 된다. 기개적 성향의 사람은 도도하고 명예를 사랑하는 사람이다.

여기서 주목해야 할 사람의 성향이 하나 있다. 위에서 묘사된 아들의 아버지처럼 이성적이고 헤아리는 성향을 가진 사람이 잘못 다스려지는 나라에서는 현실의 골칫거리를 피한다는 것이다. 심지어는 제 권리도 포기하고 은둔해 버린다. 정의로운 왕도 정체에서 나라를 다스리던 철학자가 타락한 정체에서는 현실을 회피하고 은둔한다. 이는 철학자가 자기 자신의 수양과 지적 추구에 몰입함으로써 훨씬 더 큰 기쁨을 찾을 수 있기 때문이다.

잘못된 정치가 지속되는 상황에서는 정말로 훌륭한 인물은 현실을 회피하여 은둔하며 자신의 수양과 즐거움에 집중한다. 지식이 부족하고 자격 미달인 사람이 정치를 하면 정치 혐오증을 유발하고, 이러한 정치 혐오는 유능한 인재들을 정치와 점점 더 멀어지게 만든다. 결국 정치는 지식이 부족하고 개인적 욕심이 가득한 인물들로 채워지고, 이는 결과적으로 더욱 타락한 정치를 낳게 된다. 타락한 정치는 지성에 의한 앎을 가진 지식인을 현실에서 추방하는 악순환을 낳는다. 소크라테스가 설명하는 왕도 정체의 타락은 조화롭지 못한 성향의 발생에 그 원인이 있지만, 또 다른 한편으로는 기회가 되면 언제든지 은둔하여 자신에게 충실하려는 철학자의 속성에 그 원인이 있다고 볼 수 있다. 지성을 갖춘 철학자는 세속적 권력에 욕심이 없기 때문에 상황이 좋지 않으면 언제든 은둔해서 자기 수양과 지적 활동에 매진하려는 경향이 강하다. 왜냐하면 자기 사고에 충실하려는 지적 활동은 세속의 권력이나 정치보다 철학자에게 훨씬 더 많은 즐거움을 주기 때문이다.

과두 정체

명예 정체에서 일부의 사람들은 부를 축척하게 된다. 돈의 편리함을 잘 아는 부자는 더욱 더 부를 축적하기 위해 노력한다. 마침내 집안의 금고에 황금을 가득 채우고 부자들은 소유하고 있는 황금을 쓰고 싶어 한다. 이를 합법적으로 사용하기 위해 법률을 개정하기도 한다. 부자들은 돈벌이를 점점 더 진전시키고 그들이 돈을 더 귀히 여길수록 덕(德)과는 거리가 멀어진다. 왜냐하면 부와 덕은 저울의 양쪽처럼 서로 상반되는 것이기 때문이다. 그래서 승리를 사랑하고 명예를 사랑하는 사람들도 마침내 돈벌이를 좋아하고 돈을 사랑하는 사람들이 되어 간다. 부자를 찬양하게 되고 부자를 관직에 앉히며 가난한 사람은 멸시하게 된다. 이와 같이 해서 소수의 사람들이 부를 독차지하고 그들이 관직도 차지해 이른바 과두(寡頭) 정체가 생겨나는 것이다. 과두 정체는 소수의 부자들이 나라를 다스리는 형태이다.

그러면 소수의 부자들이 나라를 다스리면 어떤 결함이 있는가? 가령 어떤 사람이 선박의 조타수를 뽑으려고 할 때 만약 평가 재산을 근거로 채용한다면 비록 조타술에 더 능하다 하더라도 가난한 사람은 떨어지게 되어 있다. 돈의 힘으로 지식을 배척하게 되고 가난이라는 이유 때문에 자신의 지성을 활용하지 못한다. 사회 전체적인 효율이 급격히 떨어지고 정의는 자취를 감추게 된다.

소수가 부를 독점하는 부의 쏠림 현상은 현재에도 큰 사회 문제가 되고 있다. 부의 불평등이 심화되면 사회적 행복 총량의 감소는 물론이고, 소비를 감소시키며 이는 경제를 악화시키는 악순환을 낳을 수 있다. 돈벌이를 찬양하는 과두 정체의 또 다른 문제는 부가 모든 것의 척도가 되는 경향이 있다는 점이다. 기술과 물질문명이 발달한 오늘날에도 부를 사람을 평가하는 중요한 기준으로 삼는 경향이 있다. 돈 버는 사업적 기술도 많은 재주 중 하나에 불과한 것인데 우리는 부에 대해 너무 후한 점수를 주는 것 같다. 부자는 단지 부를 많이 가진 사람일 뿐, 그 이하도 이상도 아니다.

요즘은 모두 부와 권력의 무한 경쟁으로 내몰리는 느낌이다. 각자의 재주와 취미는 다양할 텐데, 왜 우리는 부와 권력을 두고 경쟁적으로 다투는지 모르겠다. 모든 사람이 부와 권력의 무한 경쟁에 내몰리면 모두 불행해진다. 반면에 모든 사람이 각자의 재주와 취미를 찾아 다방면으로 흩어지면 모두 행복할 수 있다. 모두 행복해지는 길을 두고 우리는 왜 불행해지는 길로 가야만 하는지 다시 한 번 생각해 볼 일이다.

민주 정체

재산이 많은 사람이 통치하는 과두 정체에서는 통치자들이 더욱 많은 재산을 사들이고, 돈을 남에게 빌려주고 이자를 받는 돈놀이를 하면서 한층 더 부유해지면서 때로는 존경까지 받기도 한다. 부자들은 자신들에게 굴복해 오는 약자에게 돈을 빌려 쓰게 해 손해를 입히고 나아가 원금의 몇 갑절이나 되는 이자를 받아내기도 한다. 부유한 자들은 자신의 재산을 마음껏 사용하기 위해 법을 개정하여 절제가 필요 없도록 만들 것이며 시민들 사이에도 무절제를 부추기게 될 것이다. 시민들은 대부분 가난해지고 더러는 빚을 지게 되며 더러는 시민권을 박탈당하는 처참한 지경에 처하게 된다. 그래서 이들은 자신의 모든 것을 앗아간 부자들을 미워하게 되고 음모를 꾸미며 혁명을 열망한다.

이와 같은 상태가 되면 파렴치한 돈벌이를 제지할 법을 제정하지도 못한다. 부자들이나 가난한 시민들 사이에 덕을 찾아 볼 수 없다. 서로 미워하고 증오하는 분쟁이 싹트고 종국에는 혁명을 통하여 다수의 가난한 시민들이 이기게 된다. 승리한 시민들은 일부 부자들을 죽이고 일부는 추방한다. 그런 다음 시민들에게 평등하게 시민권과 관직을 배정하고 관직은 주로 추첨에 의해 할당된다.

다수가 지배하는 민주(民主) 정체에서는 언론의 자유와 자기가 하고자 하는 바를 멋대로 할 수 있는 자유가 보장된다. 민주 정체에서는 대부분 사람들이 자신의 타고난 성향에 따라 역할을 하는 것이 아니라, 복합적이고 다양한 성격들로 채워져 절제 없이 아무 일이나 닥치는 대로 하게 되며 질서와 조화가 무너진다. 그래서 소크라테스는 민주정을 과두 정체에서 타락한 정체로 보며 가장 나쁜 정체인 참주 정체로 넘어가기 바로 직전의 단계로 본다. 민주정에서는 오만 무례함을 교양 있는 것으로 보며 무정부적인 무질서를 자유라 하고 낭비성을 도량이 큰 것으로 보며 부끄러움을 모르는 상태를 용기라고 부른다.

민주 정체에 대한 소크라테스의 평가는 다수에 의한 지배가 지닌 결함을 잘 보여 준다. 소크라테스 기준에 의하면 다수가 지배하는 것이 올바른 통치로 이어지기는 매우 힘들다. 왜냐하면 다수는 참된 지식이 아닌 억견에 해당되는 부류이기 때문이다. 소크라테스에 의하면 소수만이 참된 지식을 가질 수 있고 다수 대중은 억견만 가질 뿐이다. 물론 이론적으로는 완벽한 교육을 통하여 모든 대중이 지식을 가질 수 있다. 그러나 소크라테스는 현실적 불가능성을 염두에 두고 있는 것 같다. 참된 지식을 얻기 위해서는 사고하는 성향이 자신에게 맞아야 하고, 어렵고 혹독한 교육 과정을 통과하기 위해 힘든 고통을 이겨내야 하는데 이는 모든 사람들에게 다 가능한 것은 아니기 때문이다. 결국 지식은 극소수에게 해당될 수밖에 없는 것이 현실이다.

그런데 민주정은 소수가 아닌 다수가 지배하는 원리의 정체인데, 지식을 갖추지 못한 다수가 지배하는 것이 과연 올바른가 하는 의문이 생긴다. 이는 앎에 의한 통치를 주장하는 소크라테스의 이론과 맞지 않는다. 아테네 민주정이 억견을 가진 다수에 의해 지배되는 사회이므로 소크라테스는 아테네 민주정을 지지할 수 없었으며 거듭되는 30인 폭정에도 올 수 없었던 것이다.

소수의 사람이 설득에 의하지 않고 다수를 강제하는 법을 제정하면 그것은 법이 아니라 폭력인 것처럼, 다수가 소수를 설득에 의하지 않고 힘으로 규제한다면 그것 또한 법이 아니라 폭력이 된다. 다수에 의한 통치의 단점을 잘 알고 있는 소크라테스는 당시 아테네의 민주주의 원리와 전혀 다른 지식이나 덕 교육을 설파하였고,

그러한 소크라테스는 당시 민주 정부의 눈에 아주 위험한 인물로 보였을 것이다. 민주정에 호의적이지 않은 철학 이론을 가진 소크라테스는 현실적으로 민주 정부의 정적이 되고 만 것이다.

참주 정체

과두 정체가 타락하여 민주 정체가 될 때 작용한 원인은 부(富)였다. 부에 대한 만족할 줄 모르는 욕망과 돈벌이로 인해 과두 정체가 타락했다. 그러면 민주 정체를 타락시키는 요인은 무엇일까? 그것은 자유이다. 술에 취한 듯 지나친 자유의 행사는 민주 정체를 타락시켜 새로운 정체인 참주(僭主) 정체를 탄생시킨다.

민주 정체는 자유의 가치를 최고로 신봉한다. 하지만 자유는 절제되지 않고 방치하게 되면 심각한 문제를 일으킨다. 피통치자 같은 통치자들과 통치자 같은 피통치자들이 도처에서 발언권을 행사하며 무모한 자유가 전면적으로 확장된다. 이렇게 통제되지 않은 자유는 개개인의 가정에까지 스며들어 마침내 무정부 상태에 이른다. 예를 들면 아버지와 아들이 구분 없이 서로 같아지며 아들이 부모 앞에서 부끄러워하지도 않고 두려워하지도 않는다. 시민과 거류민 그리고 외국인도 구분이 없어진다. 또한 학교에서는 선생이 학생들을 무서워하며 학생한테 아첨을 하고 학생들은 선생들을 경시한다. 젊은이들은 연장자들을 흉내 내며 언행에서 이들을 맞상대하고, 반면에 연장자들은 젊은이들에 대해 채신없이 굴기를 주저하지 않는다.

타락한 민주 정체에서 생기는 극단적인 자유는 누가 어떤 형태의 복종을 요구해도 이를 못마땅해 하며 참지 못한다는 것이다. 마침내 시민들은 법률을 무시하고 어떤 식으로든 누구도 자신에게 주인 행세를 못하도록 저항한다.

과두 정체를 망쳐 놓은 재물욕의 질병과 같이 민주 정체는 '멋대로 할 수 있는 자유'의 질병으로 인해 망가지게 된다. 지나친 자유는 극단적인 노예화를 야기할 수 있다. 이는 무엇이든 지나침은 이에 대응해서 반대쪽으로 큰 변화를 생기게 하는 원리 때문이다. 지나치게 더운 여름은 추운 겨울을 전제로 한 것이고, 우리 몸이 지나치게 더우면 얼음을 찾게 되듯이 지나침은 반대쪽을 필연적으로 희구하고 유발하게 된다. 마찬가지로 정체에서도 한쪽으로 지나침은 반대쪽의 정체를 탄생시킨다. 개인이나 국가에 있어서도 지나친 자유는 필연적으로 예속이라는 대립되는 것에 의해 대체되기 마련이다. 즉 극단적인 자유에서 가장 심하고 야만스런 예속이 조성되어 나오는 것이다.

멋대로의 자유에 익숙해진 군중은 필연적으로 자기들 입맛에 맞는 선동가를 지도자로 만든다. 자기를 잘 따르는 군중을 가진 지도자는 동족을 스스럼없이 희생시키고 사법권을 남발하여 무고한 사람을 희생시킨다. 그는 사람의 목숨을 경시하며 경건하지 못한 혀와 입으로 동족을 피 흘리게 만든다. 또한 사람을 추방하고 심지어는 살해하며 채무 무효화와 토지 재분배를 전횡하게 된다. 이런 지도자는 일찍 살해되지 않으면 반드시 늑대와 같은 참주가 될 수밖에 없다.

민주주의 비판

멋대로의 자유와 철학의 빈곤

소크라테스가 지적한 대로 민주주의는 무엇보다도 자유가 넘치는 체제이다. 마음 내키는 대로 아무 말이나 할 수 있고 자기가 원하는 것은 무엇이든 추구할 수 있는 것이 민주주의이다. 아테네에는 자기가 원하는 것은 무엇이든 할 수 있는 자유와 정치적 자유가 넘친다고 페리클레스가 자랑했지만, 소크라테스는 이를 탐탁지 않게 여겼다. 왜냐하면 멋대로의 자유는 모두에게 축복이 아니라 결국 재앙이 될 수밖에 없다고 확신했기 때문이다. 자기가 하고 싶은 대로 하는 자유가 주어진다면 용사가 갑자기 정치를 하겠다고 하고, 오늘의 목수가 내일은 장사꾼이 되겠다고 하는 등 마음 내키는 대로 살게 될 것이다. 하지만 이는 자기의 성향대로 본연의 일에 충실히 살아가는 것을 정의로 규정한 소크라테스의 입장과 크게 배치된다.

원칙적으로 민주주의 사회에서 자유를 유지하기 위해서는 남에게 가해지는 어떤 간섭도 허용되어서는 안 된다. 페리클레스가 말했듯이, 민주주의 국가에서는 다른 사람이 어떻게 하든 관여하지 않는다. 자기가 원하는 삶의 양식대로 살아가려면 상당한 수준의 관용이 서로 간에 베풀어져야 한다. 민주주의가 자유와 관용을 내세우다 보면 타인에 대한 일체의 강제가 불가능해진다. 나쁜 일을 해서 형을 선고받은 사람까지도 마음대로 활개 치며 돌아다닐 수 있고 아무도 그를 제지하지 못한다. 심지어는 민주주의 체제를 전복하려는 세력에 대해서도 강제나 간섭을 하지 못한다. 민주주의는 체제 내에 이론적 현실적 모순을 내포하고 있으며 결국 모든 다름을 무한정 수용할 수밖에 없는 한계에 부딪힌다.

자유를 앞세워 타인에게 관용을 베풀고 간섭을 하지 않는 민주주의적 현실은 단순히 무관심이나 불간섭의 차원에 그치지 않는다. 과도한 자유와 불간섭의 원칙은 사람들 사이에 벌어지는 일체의 행위에 대하여 옳고 그름의 판단을 할 수 없게 만든다. 사실 멋대로의 자유는 옳고 그름에 대한 판단을 할 필요가 없는 것이다. 아무도 다른 사람이 무엇을 하는가에 대해 신경을 쓰지 않는다. 소크라테스가 민주주의를 비판하는 이유도 과도한 자유 뒤에 숨어 있는 철학의 빈곤 때문이다. 즉 민주주의는 사람에 대해서 뿐만 아니라 가치, 기호, 신념, 도덕 등 인간에 관한 모든 판단에 대해서 동등한 대우를 해 주기 때문에 가치 판단을 할 필요가 없어진다. 민주주의는 모든 판단을 평등하게 존중한다. 누가 무엇을 하든 그것에 대해 좋다 나쁘다 판단하지 않는다. 어떤 원칙과 기준으로 가치 판단을 한다는 것은 불평등을 전제로 하며, 이는 자유에 대한 제한으로 연결되기 때문이다. 판단 중지에 의한 철학의 빈곤을 소크라테스는 가장 우려했다. 진리나 가치에 대한 판단 중지는 참된 지식 추구에 대한 필요성을 무력화시키고 무지의 득세에 의한 불행한 사회를 초래할 가능성이 높다.

민주주의에서 자유를 존중한다는 것은 개인의 주관적인 판단을 존중한다는 것이고, 이는 필연적으로 가치 중립주의가 될 수밖에 없다. 원칙이 존재하지 않는 사회에서 주관적인 가치 판단만 소중하게 여길 것이다. 누가 무슨 일을 하던 그것은 사적 영역으로 간섭의 대상이 되지 못한다. 기준과 원칙이 없고 좋고 나쁜 것, 옳고 그른 것에 대한 구분이 없어진다. 그때그때의 상황에 따라 주관적으로 선택할 수밖에 없다. 민주주의에서는 이것을 자유라 부른다.

자유가 넘치는 민주주의 아래서는 온갖 개성이 만발한다. 남의 눈치나 간섭 없이 자신의 뜻대로 무엇이든 할 수 있는 사회이다 보니 다양한 색채의 삶이 펼쳐질 수밖에 없다. 온갖 꽃을 수놓은 다채로운 외투처럼 민주주의도 온갖 성격으로 장식되어 있어서 가장 아름다워 보일 것이다. 이처럼 다양하고 화려한 이면에 숨어 있는 무원칙과 판단 중지로 인한 철학적 지식의 빈곤을 이유로 소크라테스는 민주주의를 철저히 경계한 것이다.

다수의 전횡과 선동가

민주주의 특징으로 다수에 의한 지배를 꼽을 수 있다. 즉 다수가 다수의 이익을 위하여 모든 것을 결정하는 정치 체제이다. 민회가 그렇고, 법원의 배심원단도 다수결의 원칙이다. 민회에서 다수가 결정하면 그것이 곧 법률이 되고, 배심원단의 마음먹기에 따라 죄의 유무가 판결난다. 따라서 모든 것이 다수의 결정에 따라 좌우되는 사회에서 다수인 대중의 의사에 반하여 행동하는 것은 감히 상상하기 힘들고 나아가 단죄를 받을 수도 있다.

다수의 뜻에 따라 운영되는 민주주의에서 훌륭한 사람이 설 자리가 없는 폐단이 있다. 바다 위에 떠 있는 배에서 다음과 같은 사태가 벌어진다고 가정해 보자. 선주가 덩치나 힘에 있어서 다른 사람보다 우월하지만, 귀가 좀 멀고 눈도 근시인데다 항해 전문가도 아니다. 그런데 선원들이 서로 키잡이가 되겠다고 다투고 있다. 그들은 조종 기술을 배운 적도 없고 당연히 기술을 갖고 있지 못하다.

그럼에도 불구하고 그들은 선주를 에워싸고는 자신들에게 키를 맡기도록 요구하며 온갖 회유와 설득을 일삼는다. 설득에 성공한 사람들은 같이 다투었던 경쟁자들을 죽여 버리거나 배 밖으로 던져 버린다. 그리고는 선주를 최면제나 술 등으로 옴짝달싹 못하게 만든 다음 배안의 모든 것을 지휘하게 된다. 이렇게 해서 권력을 잡은 선원들은 자기들 마음에 맞는 사람들을 훌륭한 항해사니 바다 사람이니 하며 추켜세우는 반면, 진정한 전문가들은 전체 관측자나 수다쟁이라 부르며 쓸모없는 사람으로 홀대한다. 여기서 배는 나라를 의미하고, 선주는 민주 정체의 주인인 대중을 의미한다. 그리고 선원들은 정쟁에 뛰어든 민중 선동가들을 가리킨다. 또 키의 조종은 나라의 경영 즉 통치를 비유한 말이다. 이 사례는 대중의 힘이 얼마나 강한지 그리고 그 강한 힘이 올바름과 상관없이 어떻게 악용될 수 있는지 잘 보여 준다.

전문 지식을 무력화시키는 대중의 막강한 힘을 보여 주는 또 다른 사례가 있다. 음악 경연 대회에서 청중이 심판 노릇을 하는 경우가 그것이다. 경연 대회에서 우승자는 심판관이 평가하여 고르게 되어 있다. 그러므로 심판관은 전문 지식과 공정성에 대한 신조도 지녀야 한다. 이는 심판관의 기술적인 지식도 중요하지만 청중의 환호나 반응에 마음이 휘둘리지 않고 공정하게 심판하는 강심장이 있어야 하기 때문이다. 심판은 청중의 선생이지 청중의 하수인이 아닌 것이다. 그런데 청중이 심판 노릇을 하며 거수를 하거나 투표를 하여 경연 대회 우승자를 결정하면 어떻게 될 것인가? 경연에 참가하는 연주자나 가수는 전문적인 능력을 기르기 보다는 청중의 구미를 맞추려고 할 것이다. 이런 평가 시스템은 타락을 야기시킨다. 청중이 우승자를 결정하게 되면 청중이 곧 심판이요 나아가 음악의 선생 역할을 하게 될 것이다. 전문 지식이 없는 청중이 심판을 하게 되면 훌륭한 음악을 발굴하지도 못할뿐더러 결국은 청중도 손해를 보게 된다. 즉 청중 스스로 음악의 일인자로 자칭하다 보니 자신보다 높은 수준의 음악가는 발을 붙이지 못하도록 만들고 만다. 그 결과 음악의 수준이 낮아져 청중이 음악을 통해 얻는 즐거움도 감퇴할 수밖에 없다. 대중의 구미에 맞는 음악만을 고집하다 보니 음악의 수준이 하향 평준화될 수밖에 없다.

요즘에는 경연 대회 우승자 선정에 있어서 청중들의 호응도를 사용하는 경우가 많다. 그러나 소크라테스가 우려한 것만큼 음악의 수준이 낮아지지 않는 까닭은 청중들의 지식이 매우 높기 때문이다. 소크라테스가 청중을 비롯한 대중이 심판하는 폐단을 지적한 것은 어디까지나 대중이 무지하다는 전제하에서 말한 것이다. 오늘날 정보 통신과 매체가 발달한 사회에서 청중은 매우 수준 높은 심판자가 될 수 있다. 다만 청중이 이성에 의한 합리적인 판단 능력을 상실할 때는 언제든지 소크라테스가 우려한 폐단이 나타날 수 있음을 경계해야 한다.

두 사례에서 보듯이 민주주의는 무엇이 옳고 무엇이 좋은 것인지를 판단하지 못하고 오로지 다수의 인기에 의지하여 모든 것을 결정한다. 대중이 모든 것의 잘잘못을 판단하는 심판관이며 법률을 만드는 무소불위의 권력을 가진 존재가 된 것이다. 민회나 법정의 배심원단 또는 그 밖의 공연장 등에서도 대중은 압도적인 수의 위력으로 모든 것을 제압한다. 다수의 결정이 옳은 것이라면 소수의 목소리는 작아질 수밖에 없으며, 다수에 대항하여 자기 목소리를 내기가 매우 힘들어진다. 그러므로 소크라테스는 민주 정체에서 대중의 막강한 힘에 대항하여 이를 견제할 대안 세력의 부재를 우려한다.

이처럼 민주주의 체제 아래서는 대중이 나라의 주인이 된다. 민회나 재판소 그리고 극장 등에서 다수의 군중이 내는 목소리에 웬만한 사람은 기가 질린다. 고대 희랍의 극장 등 다수의 사람이 모이는 곳은 메아리가 크게 울리도록 건물을 지은 탓에 다수의 목소리가 더욱 위압적으로 들린다. 기세등등하게 함성을 지르는 군중들 앞에서 비위를 거스르는 반대의 목소리를 내기가 쉽지 않다. 공민권 박탈, 재산 압수, 사형 등의 처벌을 감수하고 바른 말을 할 사람이 현실적으로 존재하기 어렵다. 인기 영합적인 다수의 횡포를 이용해 소피스트들은 대중에게 아첨꾼 노릇을 하며 사리사욕을 채운다. 소크라테스는 소피스트가 지혜를 가르친다고 하지만, 이는 다수의 생각을 반복하고 이용하는 것에 불과하다고 비판한다.

대중의 인기에 영합하는 소피스트를 다음과 같은 비유로 설명해 보자. 여기 누군가가 키우고 있는 크고 힘센 짐승 한 마리가 있다. 이 짐승을 다루는 데 능한 사람은 짐승에게 어떻게 접근하고 어떻게 붙잡아야 하는지, 어떤 때 거칠어지고 온순해지는지, 짐승이 소리를 낼 때 그것이 무슨 의미인지 등을 오랜 세월을 보냄으로써 숙지하게 된다. 이것을 지혜라고 부르며 소피스트들은 이를 전문 지식인 것처럼 포장하여 대중을 현혹시킨다. 무엇이 진실로 아름답고 무엇이 추한지, 또 나쁜 것과 좋은 것, 올바른 것과 올바르지 못한 것이 무엇인지 전혀 모르면서 오로지 힘센 짐승의 의견만을 추종하고 중요시 여긴다. 그래서 짐승이 기뻐하는 것은 좋은 것으로 성가셔하는 것들은 나쁜 것으로 간주한다. 좋은 것이라고 치부하는 것들 중에서도 무엇이 진정 정의롭거나 부정의한 것인지 또는 명예롭거나 불명예스러운 것인지에 대하여 전혀 알지 못한다. 욕구를 충족시키는 것과 정의로운 것이 어떤 성질인지 또 어떻게 다른지 전혀 알지 못하고 다른 사람에게 설명할 수도 없다.

이 비유를 통해 소크라테스는 소피스트가 짐승 즉 어리석은 다수 대중의 생각을 대변해 주는 앵무새에 불과할 뿐, 독자적인 지식을 가르치는 사람들이 아니라고 지적한다. 소피스트는 옳고 그른 것을 분별하는 참된 지식을 가르치지 않는다. 오로지 대중의 생각만을 추종한다. 시를 짓든, 아니면 무엇을 하든 간에 대중의 구미에 맞는 것을 최고로 여긴다. 그러므로 소피스트는 대중의 생각을 충실히 복창하는 대중의 종이라고 하지 않을 수 없다.

민주주의 체제에서 어리석은 다수의 막강한 권한은 선동가인 선원에 의해 무력화되고 이용당할 수 있으며 소피스트 같은 교활한 추종자들에 의해 호도당할 수 있다. 다수의 인기에 영합하는 선동가나 추종자들에 의해 대중은 옳은 것을 보지 못하고 권력의 횡포에 쉽게 빠진다.

여기서 소피스트에 대한 오해를 짚고 넘어가자. 소피스트는 우리나라에서 흔히 궤변학자로 번역된다. 그런데 소피스트라는 희랍어를 정확히 번역하면 지혜로운 자 또는 지혜를 가진 자로 해석된다. 그러면 왜 우리나라에서는 궤변학자라는 좋지 않은 이미지를 가진 용어로 번역되었을까? 과거 군사 정권은 소크라테스 철학에 매우 우호적이었다. 왜냐하면 소크라테스는 대중에 의한 민주적 방식의 통치보다는 현명한 지도자에 의한 통치를 더 선호했기 때문이다. 즉 일인 독재인 군사 정권 역시 자신을 현명한 지도자에 의한 통치 체제로 둔갑시켜 정상적인 통치 방식이라고 정당화할 수 있었기 때문이다. 그래서 군사 정권이 지지하는 소크라테스와 항상 대립하고 경쟁했던 소피스트를 폄하해서 번역한 것이라고 본다. 소크라테스의 지식 철학에 대항하는 소피스트들의 철학을 일개 궤변으로 치부해 버린 것이다. 그러나 실제로 소피스트들은 절대 궤변학자가 아니었으며 프로타고라스 같은 훌륭한 철학자를 배출한 당대의 지식인 집단이었다.

무지한 대중

소크라테스가 주장한 민주주의의 폐해는 오늘날에도 여전히 남아 있다. 혹자는 많이 개선되고 재발 방지 장치가 마련되어 앞에서 말한 민주주의 단점이 거의 남아 있지 않다고 주장한다. 그러나 민주주의 단점들은 적나라하게 또는 공공연하게 오늘날에도 많이 존재한다. 또 많은 단점들이 교묘한 위장과 제도적 허점을 이용하여 보이지 않는 곳에 은밀히 도사리고 있다.

민주주의의 가장 큰 단점은 소크라테스가 지적한 것처럼 무지에 의한 통치라고 할 수 있다. 오늘날 대의 민주주의에서도 무지한 대중에 의한 간접 통치가 가장 큰 문제로 대두된다.

무지하고 자신을 성찰하지 않는 대다수 민중에 의해 선출된 국민의 대표는 당연히 현명하지 못한 대표가 된다. 무지한 대표들에 의해 통치되는 국가는 여러 가지 폐해를 양산한다. 우리가 입이 아프도록 정치인들을 욕하지만 전혀 개선되지 않는 이유는 무엇일까? 이유는 간단하다. 이들을 선출하는 대중이 지식을 갖추지 못했기 때문이며 무지를 벗어날 힘이 없기 때문이다.

　그러나 누구도 대중이 무지하다고 말하지 않는다. 무지한 대중은 자신이 무지함을 알지 못하고, 무지한 대중에 의해 선출된 지도자도 당연히 대중을 무지하다고 말하지 않는다. 못난 자신을 지도자로 뽑아 준 고마운 대중을 무지하다고 말할 필요가 없다. 왜냐하면 대중이 무지하지 않았으면 자신이 지도자로 선출되지 못했을 것이기 때문이다. 지도자는 항상 대중을 위대하다고 말한다. 사실 현명한 대중이든 무지한 대중이든 대중에 의해 선출된 지도자는 필연적으로 대중을 위대하다고 말할 수밖에 없다. 그러므로 지도자가 대중은 위대하다고 또는 현명하다고 치켜세운다고 해서 내가 진짜 위대하구나 라고 생각하면 큰 오산이다.

　그런데 무지한 대중은 자신이 진짜로 위대한 줄 안다. 지도자는 대중이 무지하다는 사실을 숨기고 그 무지에 의지해서 계속 집권하기를 원한다. 현재의 대중에 의해 선출된 지도자는 대중이 현재 수준에 계속 머물러 있길 원한다. 그러므로 지도자는 대중이 무지를 깨우치고 참된 지식을 갖도록 하는 데 매우 소극적이다. 교육이 제대로 되지 않는 이유가 여기에 있다. 앎이 있는 현명한 대중들이 있다면 그들은 절대 지도자로 선출되지 않았을 것이기 때문이다.

　소크라테스는 민주주의를 무지한 대중에 의한 통치라고 비난한다. 소크라테스가 지적한 이런 민주주의의 단점을 해결하는 것은 결국 대중을 현명하게 만드는 길밖에 없다. 대중이 현명하다는 의미는 대중을 현자 내지는 전문가로 만든다는 뜻이 아니다. 무지한 대중은 정의롭지 못한 사람, 즉 이성의 지배가 아닌 감정의 지배를 받는 사람을 일컫는다. 그러므로 현명한 대중은 감정이 아닌 이성의 생각에 지배를 받는 영혼을 의미한다.

현실의 구체적인 사례로 보면 투표할 때 지역감정이나 학연, 혈연, 이념적 편가르기, 개인적 친분에 의해 표를 찍어 주는 사람이 감정의 지배를 받는 경우이다. 감정에 의한 투표를 이성적 행위라고 볼 수 없다. 그래서 현명한 국민을 위해 교육이 중요하고 일반인의 교양이 중요한 것이다. 현명한 국민이 현명한 대표를 뽑는다. 자신이 뽑은 국민 대표를 욕할 필요 없다. 그런 잘못된 대표를 뽑은 자신을 탓해야 할 것이다. 내 자신의 무지에 대한 깨달음이나 자신에 대한 성찰 없이 무작정 선출된 국가 지도자를 욕한다고 자신이 현명해지지 않는다. 결국 그 국민에 그 지도자이다. 물론 정보 부족이나 선택지의 제한, 제도적 결함 등으로 민의에 부합하는 대표를 선출하기가 현실적으로 쉽지는 않지만 주어진 여건에서 최선을 다할 수밖에 없다.

소크라테스가 지적한 민주주의의 단점을 해결하기 위해 우리는 열심히 자신을 성찰하고 계발해야 한다. 정의로운 사회로 가기 위한 좋은 방법으로 민주주의가 있지만 민주주의는 절대 공짜로 주어지지 않는다. 생각과 지식이 없으면 소크라테스가 지적한 나쁜 민주주의는 비온 후 잡초처럼 걷잡을 수 없이 자란다. 모든 권력은 국민으로부터 나오지만, 무지한 국민으로부터 나오는 권력은 부메랑이 되어 오히려 국민을 잡아먹을 수 있다.

소크라테스는 민주 정체에 대하여 매우 비판적이었고 민주 정체의 단점에 대하여 그의 철학 이론 체계에서 체계적이고 논리적으로 잘 설명하고 있다. 하지만 인류의 정치 역사를 거슬러 지금까지 민주주의가 가장 우월한 정체로 실증적으로 판명되고 있다. 현재에도 대의 민주주의를 채택하고 있는 나라가 상대적으로 정의롭고 평등하며 경제적으로도 풍요롭다. 그러므로 소크라테스의 죽음으로부터 우리가 얻을 교훈은 무작정 민주주의를 비판하는 것이 아니다. 다만 민주주의 체제에 대한 우월성을 인정하면서도 소크라테스가 지적한 민주 정체의 결함을 인정하고 보완해야 한다는 것이다.

소크라테스의 자유

지나친 자유는 온갖 부작용을 양산하기 때문에 소크라테스는 자유를 신봉하는 민주주의를 최선의 정체로 인정하지 않는다. 또한 고대 아테네의 민주정에서도 참된 지식을 외면한 채 억견에 사로잡혀 멋대로의 자유를 최고로 여기는 행태와 이로 인한 부작용을 소크라테스도 직접 목격했을 것이다. 소크라테스의 민주주의와 자유에 대한 비판은 이론적·현실적 근거와 타당성이 있다. 그러면 민주주의를 살리기 위해 넘치는 자유에 대한 보완책은 없을까? 자유에 대한 개념과 기준을 살펴보고 소크라테스는 어떤 자유를 비판하고자 하는지 파악해 보자.

우선 소크라테스가 우려하는 자유는 정상적인 자유와 다르다는 점을 기억해 두어야 한다. 통상 민주적인 자유를 의미할 때는 엘에우테리아(eleutheria)를 사용하고, 멋대로의 자유 또는 방종을 가리킬 때는 엑쿠시아(exousia)를 사용했다. 소크라테스는 정상적인 자유와 멋대로의 자유를 엄연히 구분했고, 멋대로의 자유 즉 엑쿠시아를 비판하는 것이다. 멋대로의 자유는 기게스의 반지를 통해 적나라하게 묘사된다. 기게스의 반지를 끼면 자신이 남의 눈에 보이지 않기 때문에 무슨 일이든지 마음먹은 대로 할 수 있다. 목동 신분에 지나지 않지만 기게스의 신통력을 얻게 되자 그는 왕비와 간통하고 왕을 죽이고 마침내 나라를 장악하게 된다. 이처럼 마음 내키는 대로 행동하는 상태가 바로 멋대로의 자유, 즉 엑쿠시아이다. 어린아이가 제멋대로 하는 것이나 기게스의 반지를 낀 목동이 마음대로 하는 것이나 둘 모두 지혜가 없는 자유라는 공통점이 있다.

고대 희랍에서 자유를 논할 때 항상 생각해야 하는 상대적 개념은 노예이다. 당시는 노예가 일반화되어 있었고 자유인과 확연히 구분되는 신분 집단이었다. 노예는 자기가 원하고 희망하는 것을 할 수 없음을 의미한다. 그렇다면 노예의 반대 개념, 즉 자유인은 자기가 원하고 희망하는 것을 할 수 있는 존재가 된다. 즉 자유인은 법률상, 외형상 조건만으로 되는 것이 아니다. 겉으로 자유인이지만 본인 스스로 원하는 것을 하지 못한다면 그 사람은 노예나 다름없을 것이다. 그러면 어떤 경우에 노예가 아니면서도 자기가 원하는 것을 하지 못하는가? 바로 자기 내면의 비이성적인 요소에 의해 영혼이 휘둘릴 때이다. 즉 이성의 지시와 다르게 사는 사람은 겉으로 아무리 자유인이라 할지라도 실제로 노예와 다름이 없다. 이성의 역할은 영혼 삼분설에서 이성, 기개, 욕구의 역할을 참고하면 쉽게 이해할 수 있다.

여기서 주의할 점은 비이성적인 요소, 즉 감성에 의해 영혼이 움직인다고 해서 모두 진정한 자유인이 아니라고 할 수 없다는 것이다. 감성에 영향을 받더라도 이성의 통제하에 지식을 기반으로 선택된 행동은 당연히 자유라고 규정할 수 있다. 예술가처럼 감성에 호소하여 훌륭한 작품을 창작해 내는 사람들은 이성의 통제하에 감성을 잘 활용한 경우로 볼 수 있다. 그렇지만 문제는 이성의 통제를 받지 않는 감성이다. 오늘날에도 이성이 아닌 감성에 지배되어 노예로 살아가는 사람들이 많다. 알콜이나 약물 중독자 또는 도박에 빠진 사람들이 그 예이다. 이들은 감성이 이성의 통제를 전혀 받지 못하고 감정의 노예로 살아가는 사람들이다. 절대 자유인으로 볼 수 없다.

소크라테스에 의하면, 잘못된 자유는 지혜가 없이 비이성적으로 사는 것에서 나온다. 자유의 조건으로 참된 지식과 이성을 강조한다. 멋대로의 자유는 나이나 신분에 의한 것이 아니라, 지식의 결핍 때문에 나타나는 것이다.

약을 다룰 줄 모르는 사람에게 약에 관한 자유가 주어지지 않듯이, 의술을 모르는 사람에게 치료의 자유가 주어지지 않는다. 요리를 하거나 마차를 모는 일도 마찬가지이다. 요리를 모르는 사람이 요리를 하면 음식을 망치게 되며, 마차에 대해 모르는 사람이 마차를 몰면 사고를 낼 뿐이다. 또 삶에 대한 지혜를 갖지 못한 사람은 자기의 삶을 마음대로 꾸려 나갈 자유를 누릴 수 없다. 멋대로의 자유는 무지에 기인하며 그러므로 무지한 자의 자유는 제한될 수 있다는 것이 소크라테스의 생각이다. 조종술에 대한 지식이 없는 자는 항해사가 아니듯, 자유에 대한 이성의 지시가 없는 자는 자유인이 될 수 없다. 인생에 대한 지식이 없는 자가 인생의 자유를 누릴 수 있을까? 이 무지의 인간이 멋대로의 자유를 외친다. 그러나 그것은 자유가 아니라고 소크라테스는 말한다. 이러한 기준에서 보면 소크라테스 자신이 진정한 자유인이었던 것 같다. 결국 지식 없이 자유도 없다고 할 수 있다. 우리는 자유를 위해 얼마나 많은 지식을 갖고 있는지 되짚어 볼 일이다.

밀의 자유

무조건적이고 멋대로인 자유를 지지하는 사람은 별로 없을 것이다. 다수가 공동체를 형성하는 사회에서 개인의 무조건적인 자유 행사는 결국 충돌로 이어지고, 어떤 방식으로든 자유를 제한하지 않을 수 없을 것이다. 자유를 옹호하고 사랑한 공리주의[1] 철학자 존 스튜어트 밀도 자유에 대한 최소한의 제한은 어쩔 수 없다고 인정한다.

밀은 자기 방식대로의 개체성에 의한 다양성을 자유의 중요한 요소로 강조한다. 그에 의하면, 인간의 삶에서 각자가 최대한 다양하게 자신의 삶을 도모하는 것 이상으로 더 중요한 것은 없다고 한다. 즉 사람은 제각기 자기 나름대로의 방식으로 자신의 삶을 꾸려 나가며 행복을 추구한다. 어떤 사람이 아무리 훌륭하다고 하더라도 자신의 뜻과 성향을 무시하고 맹목적으로 그 사람을 추종하고 따라 해서는 안 된다. 자신만의 경험과 숙고에 의해 판단하고 자신의

---

1 공리주의(Utilitarianism)는 쾌락과 행복의 최대화를 추구하는 것이 최고의 가치이며 도덕이라고 주장한다. 결과로서의 행복 총량이 중요하며 상대적으로 과정은 중요치 않다. 대표적 학자로 밴담(Jeremy Bentham), 밀(John Stuart Mill), 시지윅(Henry Sidgwick) 등이 있다.

다양성과 개성을 최대한 발휘하는 것이 가장 인간답게 사는 것이다. 인간이 인간답게 살기 위해서 자유가 반드시 필요하다. 그러므로 자유는 절대적으로 보장되어야 한다.

하지만 개인의 자유는 개인들 사이의 충돌을 야기한다. 자유와 자유가 부딪치는 것은 전지전능한 능력 두 개가 부딪치는 것과 같다. 즉 온전한 의미의 두 개의 자유는 모순이고 현실적이지 못하다. 현실적으로 개인들 사이에 자유를 둘러싼 다툼을 피할 길이 없다. 이런 다툼을 방치하면 인간은 행복을 누릴 수 없다. 결국 인간의 행복 극대화를 위해서 자유는 기본 원칙을 세워 일정 부분 통제되고 제한되지 않으면 안 된다.

밀은 인간의 자유가 제한되는 단 하나의 예외적 상황을 타인에게 해를 끼치는 경우로 설정했다. 자신의 자유로 인해 타인에게 해를 끼치게 되는 경우 개인의 자유는 유보되거나 구속될 수밖에 없다고 주장한다. 이 경우를 제외하고는 개인의 자유는 최대한으로 보장되어야 한다는 것이 밀의 생각이다. 물론 여기서 남에게 해를 끼치는 경우가 구체적으로 무엇을 의미하는지 명확하지 않다. 또 해를 끼치는 시점을 언제로 잡아야 옳은지 논란의 소지가 많다. 밀이 말하는 타인에 대한 해는 명확하게 정의될 필요가 있다. 해에 대한 개념과 범위가 명확하지 않으면 상황에 따라 자유의 영역이 심각하게 축소될 수 있기 때문이다.

밀은 자유의 제한과 더불어 자유의 자격에 대해서도 기준을 제시한다. 즉 자유는 아무나 향유할 수 있는 것이 아니라는 것이다. 자유는 누릴 만한 사람에게만 적용된다고 말한다. 밀에 의하면 자유를 누릴 자격이 모자라는 사람은 두 가지 경우가 있다고 말한다.

먼저 나이가 너무 어린 미성년자는 자유에 대한 자격이 부족하다고 한다. 나이가 어린 사람은 사리 분별도 못할뿐더러 다른 사람의 보호를 받아야 하기 때문이다. 그러므로 스스로 자유를 누리기에는 아직 부족하다. 그리고 미개 사회의 사람들도 미성년자와 마찬가지로 자유를 향유할 자격이 없다고 밀은 말한다. 미개 사회의 사람들은 정신 연령이 어린아이나 다름이 없다. 사리 분별력이나 지식이 전혀 없기 때문에 정상적인 자유를 누릴 수 없다고 본다.

자유를 제한하기 위한 요건으로 밀이 제시하는 두 가지 경우 모두 지식의 결핍에 기인한다고 볼 수 있다. 남에게 피해를 끼치지 않으려면 해가 무엇인지 알아야 하고 해의 기준에 대한 지식이 필요하다. 미성년자와 미개인은 지식이 없는 무지의 상태라는 공통점이 있다. 무지한 상태인 미성년자와 미개인은 멋대로의 자유에 완전히 노출되어 있다. 이는 무지에 기인한 멋대로 자유는 제한될 필요가 있다는 소크라테스의 의견과 일맥상통하는 측면이 있다. 즉 밀도 소크라테스와 마찬가지로 이성의 지시에 의해 움직이는 자유를 참된 자유로 간주하는 것 같다.

존 스튜어트 밀(John Stuart Mill, 1806~1873)

존 스튜어트 밀은 영국 출생의 대표적 공리주의 철학자로서 벤담의 양적 공리주의
가 돼지의 철학이라는 비난에 대항하여 질적 공리주의를 주장했다. 배부른 돼지보
다는 배고픈 인간이 낫고 만족하는 바보보다는 불만인 소크라테스가 낫다라는 유
명한 말을 남겼다. 어릴적부터 계획된 영재 교육을 받았으며 나중에 그로 인해 정
신적 고통에 시달린다. 연애사도 행복하지 못했다. 만난 지 20년이 지나 겨우 결혼
하게 된 부인 헤리엇 테일러와 불행하게도 결혼 7년 만에 사별하게 된다.

소크라테스와 프로타고라스

여기서 소크라테스가 민주주의에 호의적일 수 없었던 철학적 이유를 프로타고라스와의 간단한 비교를 통하여 좀 더 명확히 파악할 수 있을 것이다.

소크라테스가 위대한 철학자로 인정받는 주요 이유 중에 하나는 그가 사물을 규명하는 자연 철학에서 인간을 연구하는 인간 중심의 철학으로 전회를 만든 것이다. 탈레스에서 시작된 희랍의 자연철학은 다원론자(多元論者)에 이르러 한계에 부딪히고, 소피스트와 소크라테스에 이르러 자연스레 철학의 초점이 인간으로 이동한다. 인간을 중심으로 한 철학의 새로운 조류를 흡수한 소피스트가 상대주의적 처세 기술을 주창한 반면, 소크라테스는 객관적 진리가 있다는 믿음을 버리지 않았다. 그리하여 소크라테스는 이성에 의한 지식의 탐구를 인간 최고의 가치로 규정했다. 그래서 감각이나 경험에 의한 억견을 배제하고 참된 진리를 보아야 한다고 역설했다. 참된 진리는 신적인 절대적 진리를 의미하여 이는 소크라테스와 플라톤이 말하는 이데아를 의미한다. 소크라테스는 사람들이 무지를 자각하고 지식을 추구할 것을 역설했으며 아는 자에 의한 전문가의 역할을 중요시 했다.

소크라테스와 비슷한 시기에 활동했던 프로타고라스 역시 인간 중심의 철학을 중요시 했다는 점에서 소크라테스와 비슷한 철학적 관점이 있다. 프로타고라스는 당대에 소크라테스와 견줄만한 뛰어난 소피스트였고, 특히 소크라테스와 덕의 교육 가능성에 대하여 치열한 논쟁을 한 것으로 유명하다.

하지만 두 철학자의 사상에는 근본적인 차이가 있다. 널리 알려져 있다시피 프로타고라스는 인간만물척도설(人間萬物尺度說)로 유명하다. 이는 모든 만물에 대한 척도는 인간 자신이 기준이라는 의미이다. 예를 들어 꿀을 놓고 정상인과 환자가 맛을 본다고 가정해 보자. 정상인은 꿀을 먹어 보고 달다고 할 것이다. 그러나 환자는 꿀을 먹은 후 맛이 쓰다고 할 것이다. 그러면 누가 맞느냐? 프로타고라스에 의하면 둘 다 맞다고 한다. 환자이기 때문에 꿀이 쓰게 느껴지는 것은 당연하다. 환자가 꿀을 먹고 달다고 하면 그는 이미 환자가 아니고 정상인일 지도 모른다. 또 한 예를 들어 보자. 친구랑 점심 먹으러 어느 식당에 들어갔다. 퓨전 음식점이었는데 벽에 써 놓은 사훈이 눈에 들어온다. 식당 사훈은 '손님이 짜다면 짜다'였다. 내심 훌륭한 사훈을 정했구나 하는 생각이 들었다. 식당에서는 손님이 모든 것의 판단 기준이 될 수밖에 없다. 손님이 짜다고 하는데 주인이 안 짜다고 하면 그 식당은 필히 망한다. 이처럼 프로타고라스는 인간을 기준으로 한 판단을 정당화했으며 이는 상대주의적 진리론으로 분류된다. 소크라테스의 신적인 절대적 진리에 비해 프로타고라스는 인간 기준의 상대적 진리를 인정한 것이다.

그러면 민주주의는 그 원리상 소크라테스와 프로타고라스 중 어느 철학적 사상과 병행될 수 있는가? 민주주의는 자유를 바탕으로 개인의 행복을 추구하는 정치 체제이다. 자유는 상대방을 인정하지 않으면 실현될 수 없다. 절대적인 가치를 고수하면 다른 사람의 자유를 필연적으로 제한하기 마련이다. 그러므로 민주주의는 상대주의를 인정하지 않으면 안 된다. 당연히 상대주의적 진리를 표명한 프로타고라스 철학 사상이 민주주의와 가깝다. 또 프로타고라스에 의하면 인간에게 공동체 생활을 할 수 있도록 염치(廉恥)와 정의(正義)라는 두 가지 덕목이 신에 의해 선천적으로 부여되어 있다고 한다. 그러므로 인간은 상대주의를 인정하면서 공동체를 형성할 수 있는 것이다. 이런 측면에서 보면 프로타고라스 철학이 민주주의 사상의 시조가 되어야 하지 않을까 싶다.

비교적 뚜렷하게 구별되는 소크라테스와 프로타고라스의 사상적 차이에서 알 수 있듯이, 소크라테스의 지식과 이성의 철학은 출발부터 민주주의와 사상적 갈등 관계를 내포하고 있었던 것이다.

프로타고라스(Protagoras)

프로타고라스는 기원전 5세기경에 활동한 소피스트 철학자이다. 그는 만물의 척도
는 인간이라고 주장하며 상대주의를 인정한 최초의 인물이다. 각자의 의견을 존중
하며 의견의 옳고 그름을 판단하지 않는다. 다만 공동체를 위해 더 나은 공동 의견
을 도출하기 위한 노력은 중요하다고 강조한다.

상기설과 교육

앞에서 설명한 바와 같이 소크라테스는 민주주의를 참주 정체 다음으로 나쁜 정체로 규정했다. 과연 민주주의는 소크라테스가 말한 것처럼 위험한 정체인가? 위험한 요소가 있다면 이를 극복할 방안은 없는가? 단순히 생각해 보면, 민주정의 통치자 다수가 모두 지식을 갖춘 지혜로운 사람이 되면 민주정은 아주 이상적인 정체가 된다. 지식을 갖춘 지혜로운 다수가 통치하면 소수 지배에서 발생할 수 있는 폭정의 가능성도 없어지고 완벽한 정의를 실현할 수 있다.

어떤 정체를 선택하더라도 소크라테스는 교육의 중요성을 강조하고 있지만, 특히 민주정에서는 다수에 대한 올바른 교육이 매우 중요하다. 소크라테스의 상기설은 육체와 영혼의 관계를 잘 설명하고 있지만 교육에 있어서도 중요한 시사점이 있다.

상기설은 소크라테스의 영혼불멸설에 근거한다. 인간의 이데아인 영혼은 불멸하며 이미 존재했다가 육체에 들어와 삶을 살고 죽어서 육체와 분리된 후에도 계속 존재한다. 즉 영혼은 끊임없이 윤회한다는 것이다.

영혼은 육체에 들어올 때 망각의 강물을 건너게 되어 알고 있던 모든 것을 잊어버린다. 순수 영혼이 알고 있던 완벽한 지식을 육체라는 감옥에 들어오면서 모두 망각하게 된 것이다. 그래서 과거 순수 영혼의 상태에서 알고 있던 것을 다시 상기시킬 필요가 있다. 인간은 원래 알고 있었는데 잊어버렸으므로 이를 다시 상기시켜야 한다는 것이다. 그래서 배움은 원래 알고 있던 영혼의 상태로 다시 회복해 가는 과정이다.

　과연 인간은 원초적으로 타고난 지식을 갖고 있는 것일까? 원래 앎을 갖고 있다면 배우지 않고도 알 수 있는 것이 있지 않을까? 소크라테스는 한 가지 실험을 한다. 기하학을 전혀 모르는 노예 소년에게 정사각형을 주고 이 정사각형 면적의 2배가 되는 정사각형은 한 변의 길이가 얼마인지 답을 찾도록 제안한다. 즉 소크라테스는 모래 위에 길이가 2이고 넓이가 4인 정사각형을 그려 놓고 노예 소년에게 면적이 2배인 8이 되는 정사각형을 그리도록 요구한다. 기하학에 대해서 좀 아는 사람도 금방 맞추기 힘든 문제를 기하학에 문외한인 노예 소년이 과연 맞출 수 있을까? 만약 영혼이 원래 지식을 소유하고 있다면 답을 찾을 수도 있을 것이다. 그러나 처음에 이 노예 소년은 답을 제시하지 못한다. 소년은 먼저 정사각형 변의 길이를 2배 즉 4로 할 것을 제시하지만 그러면 면적이 16이 되어 너무 컸다. 다음으로 소년은 변의 길이를 3으로 할 것을 제시하지만 역시 면적이 9로 너무 넓었다. 이에 소크라테스는 노예 소년의 동의를 얻어 답을 찾을 수 있는 힌트를 제공하고, 이를 바탕으로 계속 숙고한 결과 소년은 결국 답을 찾아낸다. 답은 정사각형의 마주 보는 각을 연결하는 대각선 길이가 면적이 2배가 되는 정사각형의 한 변의 길이가 된다.

　노예 소년은 소크라테스가 주는 가이드라인을 그저 받아들이기만 한 것이 아니라, 숙고하고 적절한 판단을 통해 답을 제시한 것이다. 이는 교육이나 배움이 외부에 의해 일방적으로 주어지는 것이 아니라는 점을 보여 준다. 교육은 배우는 자의 내면에서 잠자고 있는 지식을 현실화 시켜 주는 과정이다. 이는 배우는 자의 적극적이

면적이 두 배되는 정사각형의 한 변의 길이

고 능동적인 참여로 가능해진다. 배움은 개념과 그 관계에 대한 이해와 판단을 함양하는 것이며, 이를 통해 스스로 계속적이고 반성적 사고를 해야 발전한다.

한국 교육의 현주소를 잘 보여 주는 놀라운 사건이 하나 있다. 스페인의 축구 명문 구단인 FC바르셀로나는 2015년 한국에 유소년 축구 학교를 설립하기 위해 1년간 준비했으나 결국 포기했다. 스페인 축구 학교는 어린이들이 축구를 즐기며 흥미를 갖도록 교육하는 게 목적인데, 한국의 부모들은 성과와 대회 등수에 너무 집착한 나머지 FC바르셀로나 축구 학교를 외면한 것이다. 특히 바르셀로나 축구 학교는 설립 목적상 13세 미만 유소년 팀의 대회 참가를 거부했다. 이 학교는 학생들이 축구를 즐기고 기본기를 익히게 하는 게 목적이었지, 대회에 나가 곧바로 성과를 내는 것은 목적이 아니었기 때문이다. 진학을 위해 경력과 우승 트로피가 중요한 한국의 학부모에게 외면 받는 것은 어쩌면 당연한 지도 모른다. 실제 한국 교육에서 중요한 것은 스스로 즐기고 능력을 향상시키는 것이 아니라, 외형적인 성과와 결과일 뿐이다. 이렇게 되면 축구선수로서 제대로 성장할 수 없을 뿐만 아니라 한 인간으로서 지녀야 할 창의성, 책임감, 의사 결정 능력 저하로 이어질 수 있다고 전문가는 진단한다.

위의 사례를 보면 한국 교육의 현주소는 영혼의 사고 활동 함양이나 개인의 성향을 발견하고 계발해 주는 데 매우 미흡한 것 같다. 한국의 교육은 영혼의 능동적 활동을 통해 지식을 상기시켜야 한다는 소크라테스의 견해와 거리가 멀다. 피상적으로 주입하는 교육으로는 영혼에 잠재되어 있는 가능성과 지식을 현실 세계로 이끌어 낼 수 없다. 학원 강사로부터 일방적으로 주입된 지식은 매우 피상적 수준에 머물며 개인 영혼의 능동적 사고 활동을 자극할 수 없다. 스스로 자기에게 필요한 자료를 찾고 자기만의 공부 방법을 터득하여 숙고하는 자세가 능동적 영혼 활동에 더욱 가깝다. 배우는 자 스스로의 능동적인 정신 활동을 증진시키는 것이 교육의 중심이 되어야 한다.

한국 교육이 제대로 이루어지지 않는 원인 중 하나는 부모의 탓도 크다. 필자가 속한 86세대 부모들은 사회 전반에 큰 공헌을 한 세대이다. 투철한 정의감으로 이 땅의 민주화를 이루어 냈고, 특유의 성실함으로 국가 경제를 비약적으로 발전시켰다. 그러나 부모로서의 자녀 교육은 크게 성공적이지 못한 것 같다. 물론 공동체 발전에 매진하다보니 개인적인 자녀 교육에는 소홀할 수밖에 없었을 수도 있다. 그렇다 하더라도 요즘의 자녀 교육을 보면 소크라테스적 영혼 활동과 너무 거리가 멀다. 자기 사고와 생각의 힘을 길러 주는 교육이 아니라 서열, 경쟁, 간판 위주의 교육이 주를 이룬다. 이와 같은 결과 위주의 교육은 아이의 심성을 약하게 만들고 장차 삶을 불행하게 만들 수 있다.

　소크라테스의 상기설에서 살펴 본 바와 같이 교육은 외부로부터 주입되는 학습이 아니라, 스스로 본래부터 갖고 있던 영혼을 일깨워 주는 방향으로 수행되어야 한다. 이를 통해 개인이 스스로 사유하고 판단하는 능력을 갖게 되고, 이는 앞에서 설명한 민주주의 결함의 상당 부분을 치유할 수 있게 된다. 지식을 기반으로 이성적 생각을 하는 대중이 많으면 많을수록 이상적인 민주주의가 실현될 가능성이 크며 그 구성원들의 행복 지수도 한층 높아진다.

죽음과 해방

소크라테스는 해질 무렵 평온하고 온화한 표정으로 독배를 마셨다. 사형 선고를 내린 배심원들의 판결이 부당하다고 주장했던 소크라테스가 억울해하고 비통해하기는커녕 기쁜 마음으로 기꺼이 죽음을 맞이한 이유는 무엇일까?

고대 희랍에서 죽음에 초연하기 위한 노력은 소크라테스뿐만 아니라 에피쿠로스(Epicurus)[1]에게서도 발견된다. 에피쿠로스는 죽음

---

1 에피쿠로스는 흔히 쾌락주의로 알고 있는 에피쿠로스 학파의 주요 인물이다. 에피쿠로스는 행복은 흔들리지 않는 마음의 부동심(아타락시아: ataraxia)에 있다고 하며 또 아타락시아는 육체적 편안함이나 무고통(aponia)이 전제되어야 가능한 것으로 본다. 즉 육체적 쾌락이 전제되어야 정신적 쾌락이 가능한 것이다. 궁극적으로는 정신적 쾌락을 목표로 한다. 하지만 육체적 쾌락을 배제하고는 정신적 쾌락이 성취될 수 없음을 인정한다. 우리가 에피쿠로스를 쾌락주의자로 알고 있으며 이 쾌락을 육체적 쾌락으로 알고 있다. 하지만 에피쿠로스는 사실 육체적 감각적 쾌락이 아닌 정신적 쾌락을 중요시한다. 육체적 쾌락을 주장하는 학파는 키레네(Kyrene) 학파라고 따로 있다. 키레네 학파는 감각이 가장 확실한 것이고 쾌락은 감각이라고 주장한다. 즉 감각적 육체적 쾌락을 중요시한다. 일설에 먹는 것에 대한 쾌락을 너무 즐긴 나머지 아리스티포스(키레네 학파임)는 음식을 끊임없이 먹고 결국 배가 터져 죽었다고 전해진다.

이 삶과 무관하다고 말한다. 즉 우리가 살아 있는 한 죽음은 우리에게 아무 상관이 없다. 그리고 죽음이 우리에게 닥쳤을 때 우리는 이미 죽고 없다. 따라서 우리가 살아 있든 이미 죽었든 간에 죽음은 우리와 동행할 수 없다. 그래서 에피쿠로스는 죽음이 끔찍한 것이기는 하지만, 실제로는 우리와 상관 없는 것이라고 주장한다.

하지만 거의 모든 죽음은 우리에게 살아 있는 동안 강력하게 영향을 미친다. 살아 있는 한 우리는 죽음을 생각하지 않을 수 없고, 언젠가 죽을 것을 예상하고 필연적으로 죽게 될 운명을 두려워하기도 한다. 죽음은 그 자체에 대한 생각만으로도 우리에게 끔찍한 일인지도 모른다.

그러면 두려움의 대상이 되는 죽음을 소크라테스는 어떻게 기쁜 마음으로 받아들일 수 있었는가? 에피쿠로스처럼 죽음은 우리와 상관없는 것이라고 초연해진 것일까? 소크라테스가 죽음에 초연할 수 있었던 것은 영혼에 대한 그의 형이상학적 철학 사상과 깊은 연관이 있다. 소크라테스에게 인간은 영혼과 육체의 결합체이다. 영혼과 육체의 관계는 무엇이고, 눈에 보이지도 않는 영혼은 어떤 것인지 그의 생각을 따라가 보자.

영혼의 존재

영혼의 존재 여부에 대해 소크라테스는 다음과 같이 논리를 전개한다. 동물과 식물을 포함해서 모든 대립되는 것들은 대립되는 것들에서 생긴다. 예를 들면 아름다운 것은 추한 것에서, 올바른 것은 올바르지 못한 것에서 생기고, 큰 것은 작은 것에서 생긴다. 대립되는 것들 사이에서 생기는 것들로 큰 것에서 작은 것들로 작아짐과 반대로 커짐 등이 있고, 분리되고 결합되며, 차가워지고 뜨거워지는 것들이 있다. 깨어 있음에 대립되는 것이 자고 있음이듯이, 살아 있음에 대립되는 것이 죽음이다. 그런 식으로 볼 때 산 사람에게서 죽은 자들이 생기듯이, 죽은 자들에게서 산 사람이 생긴다고 할 수 있다. 이것이 죽은 자들의 영혼은 어딘가에 있다는 것이 필연적이며, 산다는 것은 이들 영혼이 다시 태어난다는 의미이다.

영혼이 육체에 들어와 결합하는 것이 삶이요, 영혼이 육체에서 빠져나가는 것이 죽음으로 정의된다. 영혼은 원래 완전한 인간의 이데아로 존재하며 인간을 인간이게끔 하는 삶의 근거이다. 영혼은 몸이라는 감옥 속으로 들어옴으로써 비로소 삶이 시작된다. 영혼과 몸의 결합으로 살아가는 인간은 영혼이 일종의 감옥에 갇혀 있는 형국이다. 감옥에 갇힌 영혼은 순수한 영혼의 상태에서 갖고 있던 완전한 지식을 몸이라는 감옥에 들어올 때 망각의 강물에 빠져 모든 기억을 잃었다. 그래서 육체에 갇힌 영혼은 온전한 순수함을 잃었으며 또 앎을 망각하여 불완전하다. 영혼과 육체의 결합이 삶이며 그 삶이 불완전한 이유는 영혼이 육체와 결합되었기 때문이다.

심신 이원론

인간은 영혼과 육체로 구성되어 있다고 주장하는 이론을 심신 이원론이라 부른다. 앞의 설명에서 보듯이 소크라테스 역시 이원론자이다. 이원론자에 의하면 인간은 영혼이라는 실체와 육체라는 실체 두 가지로 이루어져 있다. 영혼은 비물질적인 것인 반면에 육체는 물질적이고 감각적인 것이다. 이 둘은 각각 독립적이고 이질적인 실체이므로 서로 대체할 수 없다. 즉 영혼이 육체를 대신할 수 없고 육체가 영혼을 대신할 수 없다. 각각이 독립적이므로 결합되지 않고 각각 독자적으로도 존재할 수 있다. 육체 없이 영혼 혼자 존재할 수 있으며, 영혼 없이 육체만 존재하는 경우도 가능하다. 물론 영혼 없이 육체가 홀로 존재하는 경우는 시신에 해당되며 곧바로 자연 부패가 시작된다. 영혼과 육체의 결합은 삶을 의미하며 영혼과 육체의 분리는 죽음을 의미한다. 즉 인간의 죽음은 영혼으로부터 육체의 분리를 의미하며 죽은 후에도 영혼은 계속 살아 존재한다.

그런데 심신 이원론에서 가장 비판의 대상이 되는 아킬레스건이 하나 있다. 바로 영혼과 육체의 결합에 관한 문제이다. 인간은 영혼과 육체의 결합체인데, 그러면 비물질적인 영혼과 물질적인 육체가 어떻게 결합되는가? 물질적인 것은 결합이나 연결이 쉽게 납득된다. 하지만 비물질적인 영혼, 정신, 마음 등이 어떻게 물질적인 육체와 연결이 가능한지 이해하기 어렵다. 독립적인 두 실체인 영혼과 육체가 연결된다면 우리 몸 어느 부분이 영혼과 접속하는 기능을 해야 할 것이다. 영혼과 육체의 상호 작용을 위해서 심장, 뇌, 간, 허파 같은 장기 어느 부분이 영혼과의 접선 역할을 해야 한다.

심신 이원론의 치명적인 결함인 이 부분에 대한 해답을 제공하고자 시도했던 사람이 유명한 프랑스 철학자 데카르트이다. 데카르트 역시 심신 이원론을 지지하는 철학자이고, 그는 이원론을 옹호하기 위해 영혼과 육체의 연결 근거에 대해 많은 고심을 하였다. 고심 끝에 사변 철학자인 데카르트가 순수한 사유의 논리 속에서 찾아낸 해답은 송과선(pireal gland)이다. 데카르트에 의하면 송과선은 뇌의 일부분이며 영혼과 육체를 직접 연결하는 역할을 한다. 즉 영혼은 송과선을 통하여 인간의 마음(동물 정령: animal spirits)에 명령을 내리고, 이 명령은 신경망을 타고 근육에 전달되어 움직임이 나타난다는 것이다. 그러나 아쉽게도 이러한 데카르트의 연결 과정은 실체적 진실이 아직 확인되지 않았다. 즉 송과선에 대한 과학적 근거나 의학적 사실 확인이 아직 이루어지지 못하고 있다. 그러나 과학적 근거가 없다고 해서 철학 이론이 평가절하 되어서는 안 된다. 철학 이론은 논리적인 사고 전개의 결과물로서 그 자체로 충분히 학문적 가치를 지니며, 또 언젠가는 과학의 발달로 해답이 주어질 수도 있기 때문이다.

심신 일원론

인간은 영혼과 육체의 독립된 두 가지 실체로 이루어져 있다는 심신 이원론은 여전히 해결되지 않은 문제점을 안고 있다. 그래서 심신 이원론과는 달리 인간은 한 가지 기본 요소로 이루어져 있다고 주장하는 심신 일원론이 등장한다. 일원론에 따르면, 인간은 육체로만 이루어져 있으며 특정한 형태의 물질적 존재에 불과하다. 물질적 요소만으로 만들어진 인간이라 하더라도 특정한 기능을 잘 수행하는데 전혀 문제가 없다. 예를 들어 지금 내가 끼고 있는 안경은 순수 물질로 만들어진 것이지만 나에게 시력을 찾아주는 훌륭한 기능을 수행하고 있다. 좀 더 복잡한 예를 들어 보자. 우리는 모두 휴대용 전화기를 갖고 있다. 이 휴대용 전화기는 복잡하고 다양한 기능을 하는 물질적 존재이다. 친구와 통화도 하고 정보를 검색하고 게임을 하며 다른 사람이 올린 동영상을 볼 수 있다. 이러한 다양한 기능을 하는 것을 우리는 휴대용 전화기라 부른다. 안경이라는 도구가 안경 기능을 하고 전화기라는 도구가 전화기 기능을 하듯이, 사람이라는 물리적 생명체가 인간의 기능을 한다. 인간의 기능을 하는 어떤 생명체를 우리는 인간이라 부른다. 마찬가지로 인간은 육체라는 물질적 요소로 구성되어 있으나 생각하고 판단하고 감정을 느끼고 사랑하고 창조적인 다양한 일을 할 수 있다. 즉 인간은 사고적이고 창조적인 기능을 하는 육체이다. 그래서 영혼이나 정신은 몸의 두뇌 작용에 의해 생긴 물리적인 현상일 뿐이라는 것이다. 이와 같은 관점을 우리는 물리주의(物理主義: physical-ism)라고 부른다. 즉 인간에게 영혼은 별도로 존재하지 않고, 오직 몸이라는 물질과 그에 따른 기능만이 인간의 구성 요소라고 보는 것이 물리주의적 시각이다.

동일성의 문제

심신 이원론과 일원론은 동일성(同一性: identity)의 문제에 견주어 보면 그 차이점이 확연하게 드러난다. 동일성은 어떤 대상이 공간과 시간의 차이에도 불구하고 항상 동일하게 인식되는 것을 의미한다. 예를 들면, 회사에서 열심히 회의를 주재하는 나와 집에서 소파에 앉아 즐겁게 텔레비전을 보는 나는 동일한 사람인가? 즉 전혀 다른 시공간에 각각 존재하는 두 개의 대상을 우리는 동일한 것이라고 어떻게 확신할 수 있는가의 문제이다. 또 갓난아이 때의 나와 오십 년이 지나 머리가 희끗희끗해진 나를 어떻게 동일한 사람으로 인식할 수 있는가? 시간이 흘러 모든 것이 변했음에도 우리는 갑돌이를 갑돌이라 부르고 늘 동일한 사람으로 간주한다. 이 문제는 쉬운 것 같지만 결코 쉽지 않다. 동일성의 문제는 간단한 문제가 아니어서 철학자들 사이에서도 여전히 논란이 된다. 동일성의 기준에서 보면 심신 이원론과 심신 일원론의 근본 차이를 쉽게 파악할 수 있다.

심신 이원론에 의하면, 인간은 영혼과 육체로 이루어져 있는 존재이다. 그런데 소크라테스는 영혼은 죽지 않는 존재지만 육체는 사멸하는 존재라고 말한다. 그러므로 인간에게 영혼과 육체는 동등하지 않고, 항상 영혼이 우위에 있게 된다. 즉 인간의 본질인 인간의 이데아는 영혼이다. 인간의 몸은 감각적이고 연장성을 갖는 존재인데 비하여 영혼은 지성에 의해서만 알 수 있는 보이지 않는 존재이다. 가지계의 세계인 영혼은 영생하는 존재이며 인간을 인간이게끔 하는 원인이 된다. 그러면 이원론의 입장에서 동일성의 문제에 대해 어떻게 대답할 것인가? 공간과 시간을 넘어 나를 항상 나로 인식하게끔 해 주는 것은 무엇인가? 이원론의 해답은 간단하다. 바로 그것은 영혼이다. 나의 육체가 다른 공간이나 다른 시간에 있더라도 내 영혼은 같은 영혼이기 때문에 우리는 동일한 나로 인식할 수 있는 것이다. 어린아이 시절의 나와 오십 년 후의 나는 외모와 마음이 모두 변했으나 사람들은 나를 동일한 나로 인정한다. 왜냐하면 외모는 많이 변했으나 그 몸속에 있는 영혼은 시간을 초월하여 항상 동일한 영혼이기 때문이다. 그래서 이원론의 지지자는 인간의 외모가 아무리 변해도 인간의 이데아인 영혼이 같으면 그 사람을 동일인으로 간주한다. 시간과 공간을 넘어 나를 항상 나이게끔 해 주는 것은 영혼이 존재하기 때문이다. 현실에서는 불가능한 일이지만 가정을 해보자. A라는 사람이 있다. 그의 몸속에는 a라는 영혼이 있을 것이다. 그런데 예기치 않은 일이 일어나 영혼 a가 몸 밖으로 나와 전혀 새로운 B라는 사람의 몸속으로 들어갔다. 이원론자들은 B의 몸이지만 거기에는 a 영혼이 들어 있기 때문에 그를 B가 아닌 A로 인식할 것이다. 왜냐하면 이원론자들은 영혼을 동일성의 기준으로 채택하기 때문이다.

그러면 물리주의 관점을 채택하고 있는 일원론은 동일성 기준을 어떻게 적용할 것인가? 물리주의에 의하면, 인간은 육체라는 물질로 구성된 생명체이다. 인간은 휴대폰 기기가 여러 가지 기능을 하듯이 몸을 사용하여 여러 가지 복잡한 기능을 하는 존재에 다름 아니다. 즉 인간에게 육체 이외에 특별한 비물질적 구성 요소가 있는 것이 아니다. 물리주의 입장에서 동일성의 기준은 당연히 물질인 육체가 될 것이다. 공간과 시간이 다르더라도 물리적 구성이 동일하면 같은 것이라고 인정하게 될 것이다. 이원론은 육체와 상관없이 영혼이 동일한지를 따지지만, 물리주의는 오로지 육체의 동일 여부만 따진다. 하지만 물리주의 관점에서의 동일성은 생각처럼 간단하지가 않다.

그리스 아테네 박물관에 고대 희랍의 전설적인 전사 테세우스[2]가 사용하던 배가 전시되어 있다고 한다. 이 테세우스의 배는 나무 판자 500개로 조립되어 만들어졌다고 가정해 보자. 그런데 이천 년이 넘는 세월을 겪으면서 배는 부식되고 낡아 수리를 하지 않고는 원형을 유지할 수 없다. 그래서 갑판의 판자 10개를 새로운 판자로 교체했다. 이때 우리는 이 배를 테세우스의 배라고 여전히 인정할 것인가? 혹자는 10개의 판자 교체는 수량이 미미하기 때문에 변함없이 테세우스의 배라 할 것이고, 다른 혹자는 일부라도 교체되었기 때문에 엄밀히 따지면 테세우스의 배가 아니라고 주장할 것이다. 다시 세월이 흘러 배를 대폭 수리하지 않을 수 없어 판자 250개를 교체했다. 총 판자 수의 반에 해당하는 판자를 교체했을 때 우리는 여전히 이 배를 테세우스의 배로 인정할 것인가? 극단적으로 나아가 수리공이 이 배의 99퍼센트에 해당하는 495개 판자를 새로 교체했다면 이 때에도 여전히 이 배를 테세우스의 배라고 부를 것인가?

인간의 경우로 되돌아 와서 생각해 보자. 어떤 사람이 교통사고를 당해 한쪽 팔을 못 쓰게 되어 인공 팔을 수술로 교체해 넣었다. 이 경우 몸은 교통사고 이전과 달라졌지만 우리는 같은 사람으로

---

2 테세우스는 아테네의 왕 아이게우스의 아들이다. 당시 크레타섬에는 머리는 황소, 몸은 사람인 괴물 미노타우로스가 미로(迷路) 속에 살고 있었는데 매년 선남선녀 각 일곱 명씩을 재물로 받아 먹어 치웠다. 아테네인들은 산 인간을 재물로 바치는 문제로 난처한 입장에 처했다. 이에 분개한 테세우스는 괴물을 처치하기 위해 자청하여 재물이 되어 미노타우로스에게 보내진다. 미로 속에서 괴물과 싸워 이기고 나머지 인간 재물들을 구해 배를 타고 아테네로 돌아온다. 괴물 미노타우로스를 죽이고 조공 문제를 해결한 테세우스의 승리를 기념하기 위해 이때 타고 온 배를 테세우스의 배라 칭하고 이를 기념하고 있다.

인정한다. 분명히 교통사고 전과 후를 비교해 보면 신체가 변화되었음에도 우리는 왜 동일한 사람으로 인정해야 하는가? 물리주의는 이 질문에 명확한 답을 하지 못한다. 물리주의자들은 뇌의 기능을 동일성의 기준으로 제시할지도 모른다. 즉 다른 기관이나 장기가 다 교체되어도 뇌가 동일하면 그 사람은 동일인으로 인정해야 한다는 것이다. 뇌가 사고하고 판단하는 기능을 하므로 중요한 장기임에는 틀림이 없다. 하지만 이원론자가 동일성의 기준을 영혼에 두듯이 물리주의자가 동일성의 기준을 뇌에 두는 것은 논리에 맞지 않는 측면이 있다. 왜냐하면 감각적이고 연장성을 가진 육체를 중요시하는 물리주의자가 육체의 다른 부분을 다 버리고 뇌만을 동일성의 기준으로 삼는다는 것은 앞뒤가 맞지 않기 때문이다.

뇌를 기준으로 할 때 어떤 문제점이 있는지 예를 들어 보자. 갑돌이와 갑순이가 차를 몰고 고속도로를 달리다가 두 사람이 심한 교통사고를 당했다. 갑돌이는 몸은 정상이나 뇌를 크게 다쳐 뇌사 상태에 빠졌고, 갑순이는 뇌는 멀쩡하지만 몸이 전부 망가졌다. 의사는 할 수 없이 최선의 방법으로 갑순이의 뇌를 갑돌이의 몸에 이식하였다. 살아난 이 사람은 갑돌이인가 갑순이인가? 갑돌이가 갑순이의 뇌를 받은 것인가 아니면 갑순이가 갑돌이의 몸을 이식받은 것인가? 뇌를 기준으로 하더라도 물리주의의 동일성 문제는 쉽게 해결되지 않는다.

오래전에 헐리우드 영화 '페이스오프(face-off)'를 재미있게 본 적이 있다. 존 트라볼타와 니콜라스 케이지가 주연한 영화인데 둘 사이에 얼굴이 서로 바뀌면서 일어나는 사건을 소재로 줄거리가 전개된다. 기억과 생각 그리고 취미 등 모든 것이 그대로인데 외모만 바뀐 것이다. 하지만 현실에서 타인의 인식과 대인 관계는 전적으로 몸을 따라 진행된다. 영화를 관람하는 내내 두 사람의 구분이 영혼과 신체를 기준으로 오락가락한 기억이 난다. 이 영화를 보면 동일성이 영혼이나 육체 하나만으로 결정되기가 쉽지 않음을 알 수 있다.

에피쿠로스(Epicurus, 기원전 341년~270년)

에피쿠로스는 쾌락주의 철학자이다. 키레네 학파의 영향을 받은 에피쿠로스학파는 근대에 공리주의로 이어진다. 쾌락으로 정신적 쾌락인 아타락시아(ataraxia)와 육체적 쾌락인 아포니아(aponia)를 강조한다. 물론 정신적 쾌락인 아타락시아를 육체적 쾌락보다 우위에 둔다.

영혼의 불멸

　이제 인간이 죽은 뒤에도 영혼은 존재한다는 것, 즉 영혼의 불멸에 대한 소크라테스의 주장을 살펴보자.

　감각의 세계는 늘 한결같은 상태로 존재하지 않는다. 항상 변하고 생성 소멸한다. 감각에 의한 것과는 달리, 항상 똑같은 상태로 있는 지식은 사유를 통한 추론으로 포착할 수 있다. 인간을 구성하고 있는 몸과 영혼 중에서 몸은 볼 수 있는 것이고 감각의 세계이지만, 영혼은 보이지 않는 것이고 항상 똑같은 상태로 있는 것에 가깝다. 영혼은 신적이며 언제나 똑같은 방식으로 한결같은 상태로 있는 것이며 지성에 의해 알 수 있는 것에 가깝다. 반면 몸은 여러 모습이며 결코 똑같은 상태를 유지하지 못하는 것에 가깝다. 영혼이 몸보다 더 신적이며 더 훌륭한 것이기는 하지만, 삶은 영혼과 몸의 조화 상태에 있는 것이기 때문에 죽으면 영혼도 소멸하지 않을까 생각되기도 한다. 죽음은 곧 영혼의 파멸일 수도 있기 때문이다.

　어떤 것이 아름다운 것은 아름다움 자체가 있기 때문이고, 이 아름다움 자체를 원인으로 해서 아름다운 것이 생긴다. 즉 형상의 각각의 무엇인가가 있고, 이 형상에 관여하는 다른 것들은 바로 이것들과 같은 이름을 지닌다. 이러한 형상으로 이름 지어지는 대립적인 것들은 대립되는 것이 될 수 없고, 대립이 발생하면 떠나 버리거나 소멸해 버릴 것이다. 즉 아름다운 것이 추하게 되는 것은 아름다움이 변하여 추하게 되는 것이 아니라, 아름다움이 떠나고 추한 것이 들어오기 때문이다. 대립되는 것은 자기와 대립되는 것으로 결코 될 수 없다. 어려운 철학적 표현이라 이해가 쉽지 않을 것 같은

데 다음의 예시적 설명이 도움이 될 것 같다. 즉 을이 병보다 키가 크지만 갑보다는 키가 작다고 할 때, 을이 큼과 작음은 절대적 사실이 아니다. 을이 큼과 작음을 동시에 갖고 있는 것이 아니라, 병으로 인해 큼을 갖고 갑으로 인해 작음을 갖게 되기 때문이다. 을은 병과의 비교에서 큼의 형상으로 나타나지만, 갑과의 비교에서 큼이 떠나거나 소멸해 버리고 작음의 형상이 나타나는 원리이다.

대립되는 것이 대립되는 것을 받아들이지 않는 것이 아니라, 그것에 대립되는 뭔가를 대동하는 것 또한 대동하게 된 것과 대립되는 성질을 받아들이지 않는다. 삼(셋)은 셋이라는 이데아(형상)를 갖고 있기도 하지만 홀수라는 특성이 있다. 셋은 홀수라는 특성을 갖고 있으며 홀수와 대립되는 짝수는 받아들이지 않는다. 그래서 셋은 당연히 홀수일 수밖에 없는 것이다. 인간의 경우에도 마찬가지이다. 영혼이 몸에 들어가면 삶이 된다. 영혼은 삶을 대동하고 있으며 삶과 대립되는 죽음은 받아들이지 않는다. 즉 영혼은 죽음을 받아들이지도 않거니와 죽은 상태의 것이 될 수도 없다.

사람에게 죽음이 닥칠 경우 사멸하는 부분은 죽어 없어지겠지만 죽지 않는 부분은 죽음에 그 자리를 내어주고 온전한 상태로 불멸의 것으로 떠나가 버린다고 할 것이다.

영혼의 정화

감각적인 몸에 의지하면 올바른 지성을 습득할 수 없다. 감각에 의한 앎은 억견이며 이는 수시로 변화하는 가변적인 지식에 불과하다. 그러므로 참된 지식을 추구하기 위해서는 감각이 아닌 이성과 지성에 더욱 가까이 가야 한다. 즉 감각을 멀리하고 지성의 사고를 통하여 지식을 습득할 수 있다. 이를 위해 영혼에 가까이 가야한다. 영혼에 가까이 가는 사람이 지혜를 사랑하는 사람이며 지식을 갖출 수 있다. 결국 영혼에 가장 가까이 가는 사람은 몸과 완전히 결별한 사람이며 이는 곧 죽음이다. 그러므로 지혜를 사랑하는 사람은 항상 몸의 감각을 멀리하고 영혼의 지혜를 추구하며 궁극적으로는 완전한 지혜의 상태인 영혼을 동경한다. 감각이 아닌 지성에 의한 앎을 통해 영혼을 정화시킴으로써 순수한 지식의 경지에 다다를 수 있다. 영혼의 순수화를 통한 올바른 삶이 인간의 목표가 되어야 하며 그래야만 인간의 이데아인 영혼에 더욱 충실할 수 있다.

소크라테스에 의하면, 영혼은 불멸이기 때문에 인간의 삶은 사후의 세계에도 영향을 미친다. 정의롭고 영혼의 정화에 충실한 삶을 산 사람의 영혼은 사후에도 좋은 영혼의 세계에 머무르게 된다고 한다. 살아서 행한 것으로 인해 사후에 보상을 받기도 하고 벌을 받기도 한다. 그러므로 영원히 존재하는 우리의 영혼을 위해 충실한 삶을 살지 않을 수 없다.

그런데 살아 있는 동안 영혼의 정화가 사후의 영혼에 영향을 미칠 수 있다는 소크라테스의 말은 구체적이지 못해 좋은 영혼의 세계가 어떤 것인지 이해하기 힘들다. 그리고 영혼은 완전한 이데아의 세계인데 좋은 영혼과 덜 좋은 영혼이 구분될 수 있는지 논리적 설득력이 떨어진다.

죽음을 기꺼이 받아들이는 이유

몸의 감옥에서 해방된 완전한 영혼의 상태는 죽음이다. 그러므로 지혜를 사랑하는 철학자는 죽음 앞에서 화를 낼 이유가 없다. 자기가 추구하고 희구하는 것이 영혼의 해방이며 이는 죽음을 통하여 완전하게 이루어질 수 있는데 철학자가 죽음을 싫어할 이유가 없는 것이다. 죽음은 감각인 몸과 영혼의 완전한 분리를 의미하므로 죽음을 통하여 온전한 영혼으로의 회귀와 순수한 지성(nous)을 실현할 수 있다.

그래서 지혜를 사랑하는 사람들은 살아 있는 동안에 쾌락이나 성적인 즐거움을 추구하지 않는다. 감각적 경험은 불확실한 앎이기 때문에 몸과의 접촉을 최대한 피한 상태에서라야 가장 훌륭하게 지성을 추론할 수 있다. 지혜를 사랑하는 사람은 그 자체로 아름다운 것과 올바른 것을 추구하는데 몸은 이러한 추구에 방해가 된다. 감각적인 것을 배제한 채 순수한 사유로 실제를 파악하는 사람들에게 몸은 어떤 것일까? 이런 사람들에게 몸이란 단지 양분을 섭취하기 위해 부지런히 움직여야 하는 것이고, 병이 들어 걱정거리를 안겨 주는 것이며, 온갖 욕망과 욕정에 가득 차 있는 것일 뿐이다. 그들은 오직 영혼의 순수한 상태를 얻고자 희망할 뿐이다. 영혼이 순수화되는 절정은 결국 영혼과 몸과의 분리를 통해 달성될 수 있다고 본다.

여기서 소크라테스가 독배를 마시고 죽는 순간으로 돌아가 보자. 소크라테스는 감옥에서 간수가 건네주는 독약을 마신다. 독약을 마시고 독이 온몸에 잘 퍼지도록 소크라테스는 침대 주위를 서성

이며 걷는다. 한참 시간이 지나자 다리가 뻣뻣해지고 몸이 차가워
지기 시작한다. 드디어 독이 허리 아래까지 퍼지며 금방이라도 심
장이 멎을 것 같았다. 슬픔을 못 이겨 흐느끼던 주위 사람들도 이제
는 체념을 하는 것 같았다. 그 순간 소크라테스는 난데없이 얼굴에
덮은 것을 걷고서 눈을 크게 뜨며 한 마디 말을 던져 주위 사람들을
놀라게 했다.

　그는 도대체 무슨 말을 하고 싶어서 죽음의 문턱에서 다시 눈을
떴을까? 소크라테스의 마지막 말은 바로 이것이었다. "크리톤! 우
리는 아스클레피오스께 닭 한 마리를 빚지고 있네. 갚게나. 소홀히
말고." 크리톤은 당연히 그렇게 하겠다며 대답하고 더 할 말이 없
는지 묻는다. 소크라테스는 더 이상 말을 못하고 마침내 숨을 거두
었다. 소크라테스는 숨이 넘어가는 절체절명의 순간에 보잘 것 없
는 닭 한 마리를 왜 말했는지 궁금하다. 황금도 아니고 겨우 닭 한
마리가 얼마나 중요하다고 죽는 순간에 말했을까? 닭이 중요하지
않으면 아스클레피오스가 특별한 존재임에 틀림없다.

　아스클레피오스는 아폴론과 인간인 코로니스 사이에서 태어난
영웅적 인물이다. 그는 아폴론이 전수한 의술에 능하여 의술의 신
으로 신격화되었고, 의학의 창립자이다. 그는 환자의 치료에 신앙
과 정상적인 의술을 함께 썼다고 알려져 있다. 그의 후예들은 모두
의사로 명성을 날렸으며 히포크라테스도 그들 중 한 사람이었다.

　소크라테스가 죽음의 순간에 닭 한 마리를 빚지고 있다고 말한
뜻은 아스클레피오스 의신(醫神)께 닭 한 마리를 재물로 바쳐야 한
다는 의미이다. 물론 이는 종교적 의식이다. 당시 관습으로 보면 아
스클레피오스 신전으로 찾아간 환자는 먼저 목욕을 통하여 정화

의식을 거친 후, 신전 안의 일정한 장소에서 신과의 교감 속에 깊은 잠을 자게 된다. 아마도 자는 동안 종교적 의식이 가미된 치료 행위가 진행되는 것 같은데, 다음날 아침 환자는 자신의 병이 나아 있음을 발견하게 된다. 치료에 대한 감사의 표시로 환자는 신전의 금고에 사례를 하고 떠난다. 그렇다면 소크라테스가 아스클레피오스 신께 닭을 바친다는 것은 무엇을 의미하는가? 아마 아테네의 그 성소(聖所)에 재물을 바치려는 뜻으로 짐작이 된다.

소크라테스 자신은 이제 죽어서 영혼이 육체와 분리됨으로써 영혼의 정화가 이루어지고 순수한 영혼으로 치유가 된다. 어쨌든 이 영혼의 치유에 대한 감사의 표시로 아스클레피오스에게 재물을 바치고 싶었을 것이다. 평생을 정의와 진리를 위해 노력했던 소크라테스가 죽으면서 남에게 빚진다는 것은 참을 수 없는 일이기 때문이다. 죽은 자신이 재물을 바칠 수 없음을 깨달은 소크라테스가 다급하게 죽음의 문턱에서 마지막으로 친구 크리톤에게 부탁한 것이다. 결국 죽음이 정신의 치료와 해방을 뜻한다는 사실을 죽음을 앞둔 마지막 말에서도 강조하고 있다. 죽음을 기꺼이 받아들이지 않을 이유가 없으며 오히려 감사해야 할 일임을 소크라테스의 마지막 말에서도 확인할 수 있다.

자살의 정당성

소크라테스에 의하면, 영혼과 몸이 결합된 인간의 삶은 영혼이 몸이라는 감옥에 갇힌 상태다. 신의 명령으로 영혼이 일종의 감옥에 갇혀 있는데, 신의 허락 없이 감옥에서 벗어날 수는 당연히 없다. 스스로 감옥에서 풀려나게 해서도 안 되며 몰래 도망가서도 안된다. 그런데 스스로 감옥에서 풀려나게 하거나 도망가는 것이 자살이다.

인간은 신의 소유물이라고 소크라테스는 말한다. 그러므로 주인인 신의 허락 없이 함부로 도망가는 것은 신이 좋아하지 않는다. 예를 들어 가축을 우리에 넣고 기르는데 가축이 스스로 죽으면 그 가축의 소유주인 주인이 기뻐하지 않듯이, 신들도 자살하는 인간에게 화내고 벌주는 것은 당연하다. 그러므로 인간의 죽음은 오직 그 소유주가 되는 신들의 허락에 의해서만 가능하다. 죽는 것이 더 나은 사람일지라도 자살은 신에게 경건치 못한 행위이므로 해서는 안되는 것이며, 죽음이란 타살로만 가능하다고 소크라테스는 말한다. 이런 뜻에서 죽여 주는 자는 은인이 된다고 말한다.

그러면 소크라테스가 독배를 마시고 죽은 것은 어떤가? 스스로 독배를 마시는 행위는 자살로 봐야 하지 않을까? 하지만 이는 자살이 아니고 어떤 명령에 의해 어쩔 수 없이 죽여지는 것에 해당된다. 소크라테스는 자신이 사형을 선고 받은 것은 신들의 허락이라고 해석한다. 그동안 죽는 연습[3]을 많이 해 온 소크라테스에게 배심원이 사형 선고를 내리는 것은 이제야 자신의 죽음을 신이 허락한 것이기 때문이라고 생각했다.

---

3 철학자는 지혜를 사랑하는 자이므로 지혜에 다가가기 위해 육체로부터 영혼을 분리하고자 노력하는 사람이다. 그래서 철학자는 늘 죽는 일의 실천에 몰두하고, 모든 사람 가운데 죽음을 가장 덜 무서워하는 사람이다. 이런 측면에서 소크라테스는 죽는 연습으로서의 철학을 일생을 통하여 몸소 실천한 인물이라 할 수 있다.

지혜를 사랑하는 자인 소크라테스가 죽음을 연습해 왔는데 이제야 신이 그 죽음을 허락했으므로, 소크라테스는 아주 의연하고 기쁘게 해질녘 석양을 보면서 독배를 마실 수 있었다.

그런데 과연 자살은 신에게 불경건한 행위이며 신을 화나게 하는 것인가? 소크라테스는 신과의 관계에서 자살은 나쁜 것이라고 말하고 있는데, 이와 다른 자살에 대한 찬성과 반대 주장을 간단히 살펴보면 다음과 같다.

자살하는 이유를 보면, 대부분 불행과 고통을 벗어나기 위해서다. 미래에 있을 불행을 예견하고 이를 극복할 가능성을 발견하지 못해 극단적인 자살을 선택하는 경우를 많이 볼 수 있다. 이는 살아 있는 존재를 포기함으로써 더 나쁜 것도 없고 더 좋은 것도 없는 비(非) 존재의 상태로 들어가는 것을 의미한다. 죽음은 모든 것을 박탈한다. 그래서 자살을 통해 불행과 고통을 박탈하고, 아무것도 없는 상태, 즉 무(無)의 상태가 되는 것이다. 예를 들면 시험을 치러야 점수가 높든 낮든 결과가 나오는데, 시험 자체를 포기한 경우가 되는 것이다. 시험을 봐서 떨어질 확률이 100퍼센트라면 우리는 시험을 안 볼 수 있다. 그러나 1퍼센트라도 붙을 확률이 있다면 시험을 보려고 할 것이다. 시험 포기는 시험 결과에 대한 예측이 확실해야 선택할 수 있는 방식이다. 마찬가지로 인생도 미래에 결과가 불행과 고통으로 채워질 것이 확실하다면 개인은 자기의 이익을 위해 자살을 택할 수 있다. 이 같은 주장을 하는 학자로 셸리 케이건(Shelly Kagan)을 들 수 있다. 그는 미래에 대해 예측이 가능하다면 합리적 자기 이익을 추구하기 위해 자살이 정당화될 수 있다고 주장한다. 또 아리스토텔레스가 말한 대로 인생의 목표가 행복 추구에 있다면, 이를 위해서 인간은 쾌락을 극대화하고 고통을 최소화해야 한다. 고통을 최소화하기 위해 자살을 선택할 수 있는 것이다. 이와 같은 케이건의 주장은 기저에 공리주의 원리가 있음을 알 수 있다. 왜냐하면 공리주의는 행복의 최대화를 위해 자살을 포함한 그 어떤 수단도 허용하는 입장이기 때문이다.

그러나 공리주의나 케이건의 주장에는 두 가지 문제점이 있다. 첫째는 미래에 대한 확실한 예측이 가능해야 한다는 전제가 있다. 시험의 결과를 예상하고 시험을 포기하듯이 우리는 미래의 인생이 불행으로 채워질 것을 확신하고 생명을 포기한다. 그런데 과연 우리는 미래를 확신할 수 있을까? 미래에 대한 불확실성이 높은 상태에서 함부로 자살하는 것은 올바른 선택이 될 수 없다. 어떤 사람이 불치병에 걸려 평생을 고통속에 살아야 한다면 그 사람은 고통을 멈추기 위해 자살을 선택할 수 있다. 하지만 기술 발달로 5년 후에 그 불치병을 완치할 수 있게 될지도 모른다. 불치병을 치료할 수 있다면 자살 선택은 잘못된 것이 된다. 왜냐하면 병을 고치고 더 행복한 삶을 살 수 있는데도 삶을 포기했기 때문이다.

두 번째 문제점은 미래에 예견하는 불행과 고통이 오로지 개인적인 주관이나 상대적인 차이에 기인한다는 점이다. 우리가 느끼는 불행과 고통은 상대적인 경우가 많다. 즉 객관성이 없는 불행과 고통을 합리적으로 측정할 방법이 없다. 사업에 실패한 경우나 권력에서 밀려난 정치인의 경우 상대적 박탈감에 자살을 선택하곤 한다. 이들 기업인이나 정치인의 경우 불행의 기준이 일반인과 다르다. 사실 불행과 고통은 대부분 자기 주관적 기준에 의한 것이며 객관화될 수 없는 것이다. 현실의 사례를 들어 보자. 서울의 부촌

강남에 사는 한 남자가 재산 손실 때문에 신변 비관으로 자살을 했는데, 그의 은행 통장에는 현금 몇 십억 원이 있었다. 보통 사람이 일생에 한번 만져 보기 힘든 거금을 갖고도 자신의 미래를 비관하여 자살을 택한 것이다. 이 사례는 인생에 대한 비관적 판단이 얼마나 주관적 몰입에 의해 비합리적으로 이루어지는지 잘 보여 준다. 그래서 절대적 기준에서 보면 행복한 삶도 스스로의 기준에 의해 불행으로 인식하고 자살을 하는 경우가 있는 것이다. 미래에 예견되는 불행과 고통을 멈추기 위해 자살을 택하는 것은 미래는 절대 확정적이지 않다는 이유로 정당화되지 못한다.

그 외 자살에 대한 대표적인 찬성과 반대 의견은 다음과 같다. 인간이 신봉하는 중요한 가치 중에 하나는 자유를 들 수 있다. 이 자유는 자기 소유물에 대한 자유로운 처분을 주요 내용으로 하고 있다. 그래서 자신의 소유물인 몸과 생명을 자기의 뜻대로 처분할 자유가 당연히 있다고 본다. 자살을 통해서 자신의 삶을 포기하는 것도 결국 자신의 소유물에 대한 정당한 권리 행사로 정당화될 수 있다고 보는 것이다. 하지만 사람의 목숨에 대한 소유권적 접근은 칸트(Immanuel Kant)의 반대에 부딪친다. 칸트의 도덕률에 따르면, 사람을 절대로 수단으로 이용해서는 안 되며 항상 목적으로 대하라고 한다. 우리는 도구를 우리의 이익과 편의를 위해 수단으로 활용하지만, 사람을 대상으로 수단적 이용을 하면 안 된다는 것이다. 사람은 항상 인격이며 목적으로 대우를 받아야 하는 것이다. 자살은 자신의 소유물에 대한 정당한 처분 행위라고 하더라도 이런 칸트의 주장에 견주어 보면, 자신이라는 한 인격체를 고통 회피를 위한 수단으로 이용한 격이 된다. 그러므로 인간의 생명을 수단으로 이용한 자살은 비도덕적이며 허용되어서는 안 된다는 것이 칸트의 주장이다.

현실 사례에서 본 자살

몇 년 전, 언론에 가슴 아픈 비극적 사건이 보도되었다. 40대 가장이 생활고를 비관하여 아내와 두 자식을 모두 죽이고 자신도 스스로 목숨을 끊은 것이다. 얼마나 고통스러웠으면 자신의 피붙이를 모두 죽였을까 생각하면 가슴이 아프다. 다른 사람 특히 약자를 보듬어 주지 못하는 차가운 우리 사회가 충격으로 다가왔다.

그 가장은 앞일이 막막하고 세월이 흘러도 좋아질 가능성이 전혀 없으리라 판단한 것 같다. 한치 앞도 가늠할 수 없는 절망 속에서 자살을 선택했으리라. 누구 하나 도와주는 사람이 없어 분노와 외로움도 극에 달했을 것이다. 사람은 극한 상황에서 감정에 지배되기 쉬우며 냉정한 이성적 사고를 하기 힘들다. 결국 선택한 것은 자살을 통해 이 모든 고통에서 벗어나는 것이었다. 만약 자살을 선택하지 않고 살았으면 미래는 어떻게 되었을까? 물론 살아 보지 않았으니 알 수 없다. 하지만 확실한 것은, 미래가 반드시 나쁘다는 보장은 어디에도 없다는 것이다. 확정되지 않은 미래를 비관하여 쉽게 포기하는 것은 온당치 못하다. 아무리 돈 많고 권력 있는 사람도 미래가 좋다는 보장은 없다. 반대로 아무리 가난하고 힘없는 사람도 미래가 반드시 나쁘다는 보장은 없다. 사람의 미래는 항상 불확정적이며 불확실성을 기반으로 한다. 그래서 우리는 미래에 대해 어떤 확정적 판단을 함부로 할 수 없으며, 신이 내려 준 삶을 그저 충실히 살아갈 뿐이다.

그리고 앞의 사례에서 자신만 죽은 것이 아니라 가족의 목숨을 전부 앗아간 것이 더욱 가슴을 아프게 한다. 유서에 따르면, 자신만 혼자 죽으면 남은 가족들이 더욱 고통 받을 것이 걱정되어 같이 죽게 되었다고 한다. 물론 가장이 없으면 다른 가족은 더욱 어려운 삶을 살게 될 수도 있다. 하지만 이 역시 확정적이지 않기 때문에 가족의 삶까지 포기하는 데 찬성하지 못한다. 앞으로 살날이 많은 어린 아이들의 인생을 어떻게 확정적으로 판단하고 삶을 포기하게 한단 말인가? 실제로 아버지가 없어도 훌륭하게 성장하는 아이들이 많이 있다.

여기서 톨스토이의 고견을 들어보기 위해 그의 소설 『사람은 무엇으로 사는가』에 나오는 이야기를 간략하게 정리해 보자. 하나님이 천사 미하일에게 이르기를, 지상에 내려가서 어느 여인의 목숨을 걷어 오라는 명령을 내린다. 목숨을 거두어야 할 여인은 다름 아닌 갓 아이를 출산한 산모였다. 천사는 산모의 목숨을 거두지 못하고 망설인다. 왜냐하면 만약 자기가 산모의 목숨을 거두면 갓난아이는 죽을 것이 뻔하기 때문이다. 결국 천사는 산모의 목숨을 거두지 못하고 하늘나라로 되돌아간다. 이에 분노한 하나님은 천사를 벌하여 인간으로 환생케 하여 지상으로 내려 보낸다. 그 천사는 인간 세계에 대해 좀 더 배워야 할 필요가 있다고 하나님은 판단했기 때문이다. 그리고 다른 천사를 보내 끝내 그 산모의 목숨을 거둬들인다.

한편 인간으로 환생한 천사 미하일은 몇 년이 지나 태어나자마자 엄마를 잃은 그 산모의 아이가 어떻게 되었는지 궁금했다. 그래서 찾아가 봤더니 그 아이는 옆집의 한 여인의 보살핌을 받으며 아주 훌륭하게 자라고 있었다. 천사는 인간은 젖으로 사는 게 아니라, 사랑으로 산다는 것을 깨달았다.

톨스토이는 인간이 물질로 사는 것이 아니라, 사랑으로 산다고 주장한다. 사랑이 사회에 널리 퍼져 있으면 사람은 누구나 다 살 수 있다. 그러므로 이런 사랑이 우리 사회에 충만하도록 노력해야 한다. 그래서 비록 생활고를 비관해 아버지는 죽더라도 아이들까지 죽게 할 필요는 없게 만들어야 한다. 아버지가 없더라도 이 사회에 충만한 사랑으로 남은 아이들은 잘 보살펴질 것이고 성장할 것이기 때문이다.

불확정적인 미래를 비관하여 자살하는 것은 옳지 못하다고 했다. 그러면 미래의 불행이 확정적인 경우는 어떻게 해야 할까? 안락사가 이런 경우에 해당된다. 안락사는 불치병으로 인해 신체적 · 정신적으로 고통 받는 사람의 희망에 따라 목숨을 끊음으로써 고통에서 해방시키는 것을 말한다. 안락사는 자살과 달리 미래의 고통이 확정적이다. 시간이 지날수록 고통만 커질 뿐이고 인간의 행복 증진과 전혀 상관이 없다. 안락사에 대해 이성과 영혼의 순수화를 지향하는 플라톤이나 행복 증진을 삶의 목표라고 말하는 아리스토텔레스는 찬성할 것으로 보인다. 그리고 최대 행복의 원리를 주장하는 공리주의자도 찬성할 것이다. 왜냐하면 안락사를 하지 않으면 그 사람의 행복은 계속 줄어들기 때문이다. 실제로 안락사를 원하는 사람을 보면, 육체적 · 정신적으로 거의 기능이 정지되어 있으며 이미 죽음과 유사한 상태에 있는 경우가 많다. 이 경우 치료로 생명을 단순히 연장하는 것은 영혼이 몸과 분리되고자 하는 것을 인위적으로 막을 뿐이다. 인간의 실체인 영혼의 입장에서 보면 순수화를 위한 정신 활동이 정지된 상태에서 몸의 감옥에서 벗어나지도 못하고 있어 가장 고통스런 상태라고 할 수 있다. 살아서 영혼의 자기 활동을 왕성하게 하든지 아니면 몸과의 분리를 통하여 영혼을 해방시켜야 한다. 그래서 소크라테스는 자기를 죽여 주는 사람을 욕할 것이 아니라, 오히려 감사해야 한다고 말한 것이다.

톨스토이(Lev Nikolayevich Tolstoy, 1828년~1910년)

톨스토이는 러시아 대문호이며 사상가이다. 이상주의자인 동시에 쾌락주의자였던 톨스토이는 내적 모순과 불화로 시달렸으며 가정사를 포함한 사생활도 평탄치 못했다. 그의 비폭력 사상이 인도 마하트마 간디의 저항 운동에 영향을 준 사실은 유명하다. 『전쟁과 평화』, 『부활』, 『안나 카레니나』 등 다수의 유명한 작품을 남겼다.

2장

사유의 딜레마

소크라테스는 자신의 무지를 스스로 깨닫는 생각을 앎의 출발점으로 삼았다. 진리 추구의 출발점은 생각이며, 참된 진리는 철학적 사유를 통해 얻어진다고 할 수 있다. 이 장에서는 인간만이 지닌 생각이 어떤 것인지 체계적으로 파악해 보고자 한다. 왜냐하면 생각의 본질이나 속성을 알아야 좀 더 의연하고 침착하게 깊이 생각할 수 있기 때문이다. 철학함이라고도 불리는 사유는 인간의 입장에서 떼어 버릴 수도 그렇다고 완전히 정복해 버릴 수도 없는 신기루 같은 것이다. 어차피 함께할 수밖에 없는 사유라면 그것에 대해 잘 파악하고 있어야 더 친숙하게 동행할 수 있지 않을까.

사유의 속성

사전적 의미에서 '사유(思惟)'는 판단, 추리 따위를 하는 인간의 이성 작용을 뜻한다. 사유는 '생각'보다는 좀 더 깊은 의미의 '숙고'와 가까우며, 한편으로는 철학적 사고방식과 연관되어 자주 쓰이는 단어이다. 사유라고 하면 철학이 연상되고, 철학은 항상 어렵게 느껴지기 때문에 사유라는 단어에 대해서도 거리감이 느껴지는 것 같다. 그런데 사유를 깊은 생각 정도로 단순하게 이해하면 좀 더 쉽게 친숙해지지 않을까 한다. 어차피 철학함이라는 것도 본질적으로 사유하는 것에 불과하다면 우리가 철학을 너무 어렵게 생각할 필요가 없다.

철학이라고 하면 으레 위대한 철학자의 어려운 철학 이론을 파악하고 추종하는 것으로 우리는 알고 있다. 그러나 이는 오해이며 이 때문에 우리가 철학을 가까이 하기 힘든지도 모른다. 철학은 철학자의 이론 답습이 결코 아니다. 대학의 어려운 철학 강의가 철학의 전부가 절대 아니라는 뜻이다. 하이데거의 말대로, 철학은 그야말로 철학함 그 자체이다. 그래서 철학자가 아닌 일반인도 철학을 할 수 있다. 철학함은 사유를 의미하는 것이며 사유하는 능력을 가진 모든 인간은 철학을 할 수 있고 또 철학을 하고 있다. 모두가 좋아하진 않지만 누구도 피할 수 없는 철학함, 즉 사유는 무엇인가?

고대부터 자연스레 발동된 사유의 집대성인 철학은 인간에게 피할 수 없는 학문인가? 왜 인간은 철학을 하지 않을 수 없는가? 철학적 사유를 하지 않고는 살 수 없는 존재가 우리 인간이다. 인생을 살아가는 동안 결코 철학을 피할 수 없는 속성들이 인간에게 있기 때문이다. 그래서 우리는 살아가면서 알게 모르게 철학을 하며, 철학적 물음을 스스로에게 던져 보기도 한다.

우선 인간이 철학을 할 수밖에 없는 존재적 위치와 본성을 살펴보기로 한다. 그리고 철학함이 왜 비현실적 경향을 띠고 나아가 왜 어렵다고 느낄 수밖에 없는지 확인해 보기로 하자.

사유의 필연성

인간은 살면서 누구나 가끔씩 생각에 잠긴다. 일상적인 것들에 대한 생각은 물론이고 경이로운 것에 대한 호기심이 발동하거나 고난이 닥쳤을 때 깊은 시름에 잠기기도 한다. 특히 시련이 닥쳤을 때 자신에 대한 생각, 운명에 대한 생각, 미래에 대한 생각 등으로 외로운 고민을 하기도 한다. 이러한 생각과 고민은 바로 사유이자 철학함의 시작이다. 철학함은 우리가 원하든 원치 않든 항상 우리 곁에 있다. 그러나 항상 있는 것이 아니고 문득문득 있다. 늘 우리 곁에 있지만, 가까이 있지도 않고 멀리 있지도 않다. 철학함이라는 것은 가까운 듯하나 멀리 달아나 있고, 멀리 있는 듯하나 어느새 우리 곁에 와 있다. 우리 인간에게 철학함이라는 것은 완전히 떼어내 버릴 수도 없고 그렇다고 항상 껴안고 있을 수도 없다.

사유하고 철학한다는 것이 인간과 도대체 어떤 숙명적 관계인지 궁금하다. 인간이 철학을 할 수밖에 없는 이유가 인간이 지닌 고유한 특성 때문이라면 우선 그 특성을 파악해 보아야 할 것이다.

사람과 동물의 차이점

이 세상에 존재하는 모든 것을 크게 분류하면 무생물과 생명체로 나눌 수 있고, 생명체는 다시 움직이지 않는 식물과 움직이는 동물로 분류된다. 그리고 움직이는 생명체는 다시 동물과 사람으로 구분된다. 여기서 실제로 이 세상에 존재하는지 여부가 확인되지 않지만, 우리에게 매우 중요한 존재가 있으니 그것은 바로 신(神)이다. 신은 개념상의 존재에 불과할지도 모르지만, 우리에게 미치는 영향이 지대하기 때문에 신의 위상을 인정해야 할 것 같다. 그래서 존재하는 모든 것을 나열해 보면 무생물, 식물, 동물, 사람, 신 이렇게 다섯 부류가 있으며 사람은 동물과 신에 근접해 있음을 알 수 있다. 사람과 근접해 있는 다른 두 존재인 동물과 신을 사람과 비교함으로써 사람의 특성과 본질을 잘 파악할 수 있을 것이다.

먼저 인간의 특성을 살펴보기 위해 인간과 동물의 차이를 검토해 보자. 인간이 동물과 다른 점은 무엇이 있을까? 쉽게 생각해 볼 수 있는 차이점은 도구와 언어의 사용 여부이다. 즉 인간은 도구를 사용하지만 동물은 도구를 사용하지 못하는 것으로 구분된다. 그러나 도구와 언어는 극히 일부분이지만 이를 사용하는 동물들도 있다. 예를 들어 일부 원숭이들은 열매를 깨기 위해 돌을 사용하거나 벌레를 잡기 위해 막대기를 사용한다. 또 원숭이나 새 등 몇몇 동물들은 자기들만의 소리로 제한된 내용의 의사소통을 한다고 알려져 있다. 새가 소리를 내면서 짝짓기 상대방을 유혹한다든지 소가 소리를 내어 송아지를 부르는 형태는 제한적이지만 언어의 사용으로 볼 수 있다. 그러므로 도구나 언어의 사용 여부는 인간과 동물의 절대적 차이점이라고 보기 힘들다.

도구와 언어의 사용 이외에 인간과 동물의 차이점은 자살, 생각, 이성, 보편, 허구 등이 있다. 스스로 목숨을 끊는 자살은 인간에게만 찾아 볼 수 있는 현상이다. 본성에 따라 살아가는 동물은 절대 자살을 감행할 수 없다. 또한 동물은 본성에 따라 느끼고 행위하며 살아가지만, 인간은 이성에 의해 생각하고 움직인다. 물론 인간도 가끔 감정에 휩쓸려 행동하기도 하지만 대부분은 이성에 의해 행동하고 결정한다. 이성의 차원에서 좀 더 수준을 높여 보면 동물은 도저히 가질 수 없는 보편 개념이 인간에게만 있음을 알 수 있다. 동물은 대상에 대해 개별적으로 반응하지만 같은 종이나 유를 묶는 보편 개념이 없다. 어쩌면 수준 높은 보편 개념이 가능하기 때문에 우리가 인간인지도 모른다. 그리고 동물과 다르게 인간은 허구(fiction)를 만들고 그 허구를 신봉하는 능력이 있다. 동물은 인지 능력이 없기 때문에 신화나 제도 같은 허구를 절대 만들 수 없다.

하지만 무엇보다도 인간이 동물과 다른 점은 삶의 방식에서 찾을 수 있다. 동물은 본성대로 살아가며 그런 삶이 전혀 스스로 문제되지 않지만 인간은 그렇지 못하다. 즉 동물은 본성에 따라 충실하게 살아가면서 자신이나 삶에 대해 불만이나 회의가 전혀 없다. 하지만 인간에게는 자신의 삶과 자신의 존재가 살아가는 동안 항상 문제가 된다. 즉 인간은 삶을 사는 동안 자신의 인생, 죽음, 인생 목표, 의미, 건강 등 자신과 관련된 모든 이슈들이 항상 관심거리이고 문제가 된다. 이를 철학 용어로 실존(實存)적 삶이라고 한다. 즉 인간은 동물과 달리 실존적으로 살아가는 존재라고 할 수 있다.

여기서 실존이라는 의미에 대해 간단하게나마 추가 설명이 필요할 것 같다. 이 세계에 존재하는 모든 생명체는 이런 방식 저런 방식으로 서로 관계를 맺으면서 살아간다. 인간도 마찬가지로 다른 존재들과 다양한 관계를 맺으면서 살아갈 수밖에 없다. 그런데 인간은 독특하게도 외부 존재들과의 관계 외에 자기 자신과도 관계를 맺는다. 이것은 자기 자신에 대한 이해를 의미하기도 한다. 우리는 가끔 자신에게 '나는 왜 이럴까'하고 반문해 본 적이 있을 것이다. 이처럼 자신 스스로에 대한 질문이 자신과의 관계이고 자신에 대한 이해이다. 반면에 동물은 자기 자신에 대한 존재 의식이나 이해가 전혀 없다. 동물은 자신에게 '나는 왜 이럴까'하고 질문할 수 없다. 오로지 인간만이 자신에 대한 질문을 던질 수 있다. 인간에게 자기 자신의 존재는 항상 문제가 되며 쉽게 해결할 수 없는 과제로 남아 있다. 이와 같이 항상 자기 자신과 관계를 맺으며 자신의 존재가 문제가 되는 방식의 삶이 실존적 삶이고, 그래서 인간을 실존적 존재라고도 한다.

자신의 존재와 자신의 삶이 자신에게 문제가 되는 존재는 인간이 유일하다. 인간은 자신의 존재와 항상 관계를 맺는 방식으로 살아간다. 본능 이외에는 자신의 삶에 대해 전혀 무지한 동물은 자신의 삶을 문제시 하지 못한다. 또 모든 것이 완벽하고 전지전능한 신은 자신의 삶에 전혀 문제가 없다. 자기 자신이 문제가 되는 존재는 벌써 신이 아닌 것이다. 그래서 무지한 동물과 완전한 신 사이에 존재하는 중간자인 인간만이 자신의 삶이 문제시 되는 유일한 존재인 것이다.

인간과 동물이 또 하나 다른 점은 인간은 가능적 존재라는 점이다. 인간은 그때마다 가능성이며 가능적으로 존재한다. 이는 지금 그것인 인간이 바로 그 자신도 아니며, 인간의 현실성이 전체적인 그 사람의 실체를 규정하는 것도 아니라는 뜻이다. 즉 인간에게 미래는 항상 열려 있음을 의미한다. 예를 들어 철수는 지금 실업자이고 미혼이며 정신적으로 덜 성숙된 사람이다. 과연 철수는 계속 이 상태로 살아갈 것인가? 그렇지 않다. 그는 열심히 노력해서 취직을 할 것이고 사회적 지위를 획득하여 큰 역할을 할 수 있다. 그리고 결혼도 할 것이고 공부도 열심히 해서 정신적으로 고양된 지식인이 될 수 있다. 그러므로 철수는 20~30년 후에는 지금과는 전혀 다른 사람이 된다. 이와 같이 모든 현재의 인간은 시간이 지난 후에 전혀 다른 인간이 될 수 있는 가능적 존재이다. 그래서 죽음만이 그 인간이 무엇인지 말해 준다. 왜냐하면 오로지 죽음의 순간에 인간에게 다른 어떤 것으로 될 수 있는 가능성이 완전히 사라지고 우리는 최초로 그가 누구라고 말할 수 있게 되기 때문이다. 그래서 인간은 규정이나 확정의 대상이 아니고 이해의 대상이 되어야 한다.

그러므로 가능적 존재인 인간을 현재의 모습만으로 평가하고 확정짓는 것은 너무 성급하다. 그의 가능성을 보고 판단해야 하며 그래서 현재의 인간에 대해서는 이해가 우선이다. 현재 그 사람의 상태를 이해하도록 노력해야 하며 그 이해를 바탕으로 그 사람의 가능성을 봐야 한다. 가능성은 모든 인간에게 활짝 열려 있으므로 현재의 그를 보고 경멸하거나 과도한 존경은 오류가 있을 수 있다. 그래서 가능적 인간은 평가의 대상이 아니라 이해의 대상이며 항상 존중받을 권리가 있다.

철학함에의 필연적 소환

인간은 실존적 존재라는 점에서 동물과 다르지만, 살아가는 동안 항상 자신의 삶을 성찰하고 문제시 하는 것은 아니다. 실제로 인간은 삶의 대부분을 일상생활에 빠져 편안하게 보낸다. 밥 먹고 사무실로 출근하고 친구를 만나 커피를 마시며 이야기한다. 평온하고 잔잔한 일상이 진행되지만 때로는 슬픈 일도 있고 화가 나는 일도 있다. 이처럼 반복되고 편안한 일상을 우리는 자연스럽게 받아들인다. 그렇지만 우리의 일상은 이런 편안한 생활만 계속되지는 않는다. 가끔 불행이나 큰 시련이 닥치기도 한다. 큰 병에 걸리거나 사업에 실패할 수도 있고 또 사랑하는 사람과 헤어지는 아픔을 겪을 수도 있다. 이때 우리는 자신의 삶과 운명 그리고 여생에 대한 깊은 시름에 빠진다. 이러한 시련과 불안은 인간을 자기 성찰로 인도하며 자신의 삶을 뒤돌아보게 만든다. 즉 자신의 삶과 존재가 자신에게 문제가 되는 실존적인 삶이 찾아오는 것이다.

자기 자신과의 지속적인 관계는 자신에 대한 성찰이고 자신의 본질에 대한 질문이다. 나는 누구이며 나의 존재는 무엇인가? 나는 왜 이렇게 나약하며 반드시 죽어야 하는가? 나는 왜 이 세상에 태어났고 무엇을 하고자 하는가? 이런 질문들이 자기 자신을 괴롭히게 된다. 물론 사람에 따라서 스스로 생각하고 수양해서 평소에도 본질에 접근하려는 수도자나 철학자가 있을 수 있지만, 대부분의 사람들은 일상을 살다가 시련이 닥칠 때 비로소 본질에 대한 생각을 하게 된다.

프랑스 철학자 사르트르는 소매치기도 사회에 필요한 존재라고 말했다. 그까짓 소매치기가 사회에 무슨 필요가 있을까? 우리는 보통 일상의 생활에 빠져 하루하루를 편안하게 보낸다. 반복적인 편안함은 우리로 하여금 자신과 본질을 잊게 만든다. 그렇지만 어느 날 전철을 타고 가다가 지갑을 소매치기 당하면 정신이 번쩍 드는 수가 있다. 너무 안이한 내 자신을 되돌아보고 앞으로 조심해야겠다는 생각도 들고, 삶에 대한 새로운 의지와 각오가 생긴다. 소매치기를 당함으로써 내 자신을 되돌아보고 다시 추스르는 기회를 갖게 된 것을 사르트르는 소매치기의 순기능이라고 의미를 부여한 것 같다.

1990년대 전후로 활동했던 가수 김광석을 기억할 것이다. 서정적이고 담백한 노래로 인기를 끌었던 그는 젊은 나이에 요절하여 큰 아쉬움을 남겼다. 그가 남긴 많은 인기곡 중 하나인 '이등병의 편지' 가사 중에 다음 소절이 가슴에 와닿는다. "부모님께 큰절하고 대문 밖을 나설 때 풀 한 포기 친구 얼굴 모든 것이 새롭다." 군에 입대하기 위해 대문을 나서는데 친구 얼굴과 길가의 풀 한 포기가 새롭게 느껴진다고 한다. 왜 그럴까? 평소에 수백 번 다녀도 관심이 없던 한 포기 풀이 왜 새로울까? 또 그렇게 자주 연락하고 만나던 친구 얼굴이 왜 갑자기 새롭게 느껴질까? 그것은 군 입대라는 큰 시련을 앞두고 실존의 문제가 대두되며 이것이 확장되어 다른 대상에까지 본질적인 물음을 던지기 때문이다. 풀을 잡초로 보지 않고 고귀한 생명을 가진 소중한 존재로 보며, 친구라는 존재의 소중함을 새삼스레 느끼게 되는 것이다. 자기 자신뿐만 아니라 풀과 친구의 본질을 보게 되는 현상이다.

현실에서 하고자 하는 일이 잘 풀려 시련도 없고 불안도 없는 사람은 본질에 다가가지 못하는가? 하는 일이 만사형통으로 풀려 걱정 근심이 없는 사람이 있을 수 있다. 과연 그런 사람은 자신의 삶이 자신에게 전혀 문제 될 것이 없다고 할 수 있는가? 만약 모든 일이 자기 뜻대로 된다면 그에게는 실존적 고민이 없다고 예상할 수 있다. 그러나 현실에서 모든 것을 자기 뜻대로 할 수 있는 사람은 없다. 설사 모든 것을 자기가 원하는 대로 할 수 있다 하더라도 인간인 이상 실존적 삶을 피해갈 수 없다. 왜냐하면 인생이 아무리 잘 풀려도 인간이 피할 수 없는 큰 시련이 하나 있기 때문이다. 그것은 인간에게 가장 엄중한 시련이며 누구에게나 반드시 한번 닥치는 죽음이다. 유한 존재로서 인간은 반드시 죽을 수밖에 없으며 죽는다는 것을 알기 때문에 더욱 괴롭다.

엄청난 수양을 거쳐 해탈의 경지에 이른 사람(예를 들면 부처)은 이론적으로 죽음의 시련도 극복한다고 전해진다. 하지만 현실에서는 거의 불가능한 일이다. 그래서 인간은 예외 없이 누구나 자신의 삶을 성찰하게 되고 철학의 본능을 피해갈 수 없다.

인간이 죽는다는 의미를 좀 더 진전시켜 보자. 만사가 자기 뜻대로 되더라도 필연적인 죽음 때문에 인간은 철학적 고민을 하지 않을 수 없다고 했다. 그러면 만사형통인 사람은 평생을 일상의 즐거움으로 살다가 죽음을 목전에 둔 순간에만 본질적이고 실존적인 고민을 하게 되는가? 대답은 절대 그렇지 않다는 것이다. 죽음이라는 시련은 인생의 마지막인 죽는 시점에만 닥치는 것이 아니다. 인간은 누구나 죽는다는 것을 알기 때문에 죽음은 살아가는 내내 우리를 괴롭힌다. 살아가는 동안에도 항상 죽음을 생각함으로 인해 괴로워하는 자신을 발견하게 되며 나아가 자신의 삶을 성찰하고 철학적 사고를 하게 되는 것이다. 인간은 평온한 일상성이 계속되는 동안에도 문득문득 죽음을 생각해 보게 된다. 죽음에로 미리 달려가 봄은 인간적인 사고의 특징을 가장 잘 보여 준다.

이와 같이 인간은 자신의 삶을 항상 문제시 하면서 살아간다. 실존적 삶은 인간의 특성을 가장 잘 표현하는 말이다. 실존의 개념은 무지한 동물과 완전한 신 사이의 중간자인 인간에게 유일하게 적용될 수 있는 존재 특성의 표현이다. 인간은 실존적으로 살아갈 수밖에 없고, 자신의 삶을 성찰하지 않을 수 없다. 결국 인간은 살아가면서 철학을 피해 갈 수 없다.

철학의 비현실성

실존의 방식으로 살아가는 인간은 자신의 삶을 성찰하는 과정을 이어간다. 자기와의 끊임없는 관계 형성은 어쩌면 인간으로서 당연히 해야 하는 일인지도 모른다. 피할 수 없는 철학이라면 차라리 긍정적으로 부딪쳐 보는 것도 나쁠 것이 없다. 하지만 철학이라고 하면 많은 사람들이 부담을 느끼고 쉽게 받아들이지 못하는 것으로 인식한다. 철학자의 이론이 어려운 것도 부담을 느끼는 이유 중 하나이다. 철학이 말장난이나 뜬 구름 잡기처럼 공허하게 느껴진다는 사람들이 많다. 또 철학이 현실과 너무 동떨어진 학문이라며 폄하하는 많은 사람들이 있다. 실제로 철학은 보통 사람들이 보기엔 비현실적인 것이 사실이다. 그러면 도대체 왜 철학은 비현실적으로 보일 수밖에 없는가?

철학은 사회 과학이나 인문 과학과 다르게 조사 자료나 통계 수치를 사용하지 않는다. 그래서 철학을 사변(思辨) 학문이라고도 한다. 현실의 자료나 현상들을 분석하는 것이 아니라, 순수하게 사고 속에서 해답을 추구하는 학문이기 때문이다. 철학이 사변적 학문일 수밖에 없는 또 다른 이유는, 철학이 근거를 따져 묻는 학문이기 때문이다. 근거는 조사나 자료 분석으로 구해지는 것이 아니다. 논리적이고 합리적인 추론 과정의 사고 속에서만 근거가 추구될 수 있기 때문이다.

지식에 대한 인간의 욕구는 이 근거 추구에서 출발했다. 어떤 현상에 대한 발생 근거나 어떤 존재에 대한 근거를 우리는 알고 싶어 했다. 우리가 추구하는 지혜는 근거에 대한 앎이기 때문이다. 모든 것에 대하여 왜? 무엇을 근거로 해서? 라는 질문을 던질 수 있다. 이 물음을 항상 던질 수밖에 없는 이유는 근거율, 즉 존재하는 어떤 것도 근거 없이 존재하지 않는다는 명제 때문이다.

　존재 근거에 대한 물음을 중요시한 철학자가 바로 소크라테스이다. 그는 감각 세계의 현상은 진리가 될 수 없다고 말했다. 그러므로 현상의 이면에 있는 근거를 규명할 필요가 있으며 이 궁극적 근거가 바로 참된 진리가 될 수 있다고 주장했다. 소크라테스가 존재 근거를 밝히고 있는 아낙사고라스의 책을 급히 구하여 읽은 일화는 진리에 대한 그의 열망을 잘 보여 준다. 그동안 철학자들은 존재의 근거를 모두 물질에서 찾았다. 탈레스는 만물의 근거가 물이라고 했고, 아낙시메네스는 공기라고 했다. 또 엠페도클레스는 만물은 흙, 물, 불, 공기 네 가지로 이루어져 있다고 주장했다. 하지만 존재의 근거를 물질에서 찾는 것은 해답이 될 수 없다. 왜냐하면 근거가 물질인 경우 근거의 근거를 되물어야 하기 때문에 근거 물음에 대한 무한 소급을 종식시킬 수 없다. 그러므로 만물의 궁극적 근거는 물질이 아니어야 한다. 무한 소급을 종식시킬 수 있는 궁극적 근거가 밝혀지면 얼마나 좋을까? 아낙사고라스가 물질이 아닌 정신을 존재 근거로 제시했다는 소문에 소크라테스가 급히 달려갔던 데에는 그만한 이유가 있었던 것이다.

　철학은 모든 존재와 현상의 근거를 밝히는 학문이다. 철학이 추구하는 '있음(존재)'에 대한 궁극적인 근거는 그 있음의 원인이 되는 다른 무엇이다. 그런데 근거에 대한 무한 소급을 종식시키는 최종 근거는 다른 원인을 필요로 하지 않는 그 무엇이어야 한다. 즉 최종 근거로서의 존재는 자신의 존재를 위해 다른 원인이나 근거를 필요로 하지 않아야 한다. 그것의 존재 자체가 원인이요 근거라는 것을 의미한다. 최종 근거는 쉽게 표현하면 '있는 모든 것을 있게 하면서 스스로는 있음을 당하지 않는 것'이다. 최종 근거는 다른 것에 의해 존재하는 것이 아니라 오직 스스로 존재한다. 원인을 필요로 하지 않는 궁극적 근거를 현실에서 찾을 수 있을까? 있는 존재는 현실에 있는 것이지만 이들 존재의 궁극적 근거는 현실에 있지 않다. 왜냐하면 현실에 있는 근거는 항상 존재에 대한 또 다른 근거를 필요로 하기 때문이다. 결국 현실에 있는 것은 궁극적 근거가 될 수 없다. 그래서 최종적이고 궁극적인 근거는 현실의 세계가 아닌 것에서 찾아야 한다. 즉 존재의 출발은 현실이지만 근거로서의 결과는 지극히 비현실적인 것이 될 수밖에 없다. 이는 논리적 사고를 진행하여 근원적인 존재 근거를 모색하는 과정은 그 근거에 가까이 가면 갈수록 비현실적인 것이 될 수밖에 없는 필연적인 운명을 지니고 있기 때문이다.

일반 자연 과학은 현상이나 사물의 근거를 현실에서 찾는다. 물질의 근거를 물질 속에서 찾고자 노력한다. 하지만 이는 근본적인 존재의 근거를 밝혀낼 수 없다. 물질의 근거를 물질에서 찾는 것은 결국 무한 소급에 빠지게 되고 무한히 계속되는 근거의 계열을 종식시킬 수 없다. 그래서 현실 세계와 감각 세계의 근거는 완전한 타자(他者)인 비현실적인 것이 될 수밖에 없다.

이해를 돕기 위해 쉬운 예를 하나 들어 보자. 내 앞에 밧줄 한 꾸러미가 있는데 나는 이 밧줄의 끝을 찾고 싶다. 밧줄의 한 부분을 잡고 한쪽 방향으로 계속 더듬어 나가면 반드시 끝을 찾아낼 수 있다. 그런데 밧줄의 끝은 무엇인가? 밧줄의 끝은 밧줄인가 밧줄이 아닌가? 만약 밧줄의 끝이 밧줄이라면 그 끝은 끝이 아니다. 그러므로 밧줄의 끝은 반드시 밧줄이 아니어야 한다. 마찬가지로 현실의 근거의 끝은 반드시 현실이 아니어야 한다. 왜냐하면 근거의 끝이 현실이면 현실의 근거는 끝이 나지 않기 때문이다. 당연히 현실의 끝은 비현실이어야 하며 자신과는 전혀 다른 완전한 타자이어야 한다. 그러므로 철학적 사고의 결과는 완전한 비현실 내지는 초현실적일 수밖에 없으며, 이로 인해 철학은 항상 어렵고 실증적 이해가 힘들다.

지금까지 궁극적 근거나 본질로서 철학자에 의해 제시된 대표적인 것은 플라톤의 이데아, 스피노자의 실체, 하이데거의 존재를 들수 있다. 플라톤은 감각 세계의 모든 사물은 참된 세계의 이데아에 의해 존재하며, 인간도 영혼에 의해 존재 근거를 갖는다고 했다. 물론 여기서 참된 세계는 감각 세계나 현실과는 전혀 다른 지성의 세계를 의미한다. 스피노자는 스스로 존재하는 유일한 실체는 거대한 자연, 즉 신이며 세상의 만물은 이 실체의 변용이라고 주장한다. 하이데거는 현실에 있는 모든 존재자(存在者)는 '존재(Das Sein)'에 의해 그 존재 근거를 갖는다고 말한다. 하이데거의 존재 개념 역시 감각 세계를 넘어서 또는 초월해서 있는 것이며 특정하게 규정할 수 없고 인간의 언어로 묘사할 수도 없는 완전한 타자의 세계이다.

아낙시메네스(Anaximenes)

아낙시메네스는 기원전 6세기경에 살았던 것으로 추정된다. 그는 만물이 공기로 이루어져 있다고 주장한다. 공기는 불로 되기도 하고 농후해지면 물이나 흙으로 된다는 원리이다. 그가 순전히 양적인 측면만으로 만물의 구성과 변화를 설명했다는 점에서 근대 자연 과학의 선구자로 평가받기도 한다.

엠페도클레스(Empedocles, 기원전 495년~435년)

엠페도클레스는 만물이 흙, 물, 불, 공기 네 가지로 이루어져 있다고 한다. 이들 네 가지의 운동인으로 사랑과 증오가 작용하는 것으로 본다. 그의 실제 삶이나 죽음은 모두 전설에 묻혀 있다. 그는 철학자이면서 자연 과학자이고 정치인이자 신학자이며 시인이기도 했다.

철학의 딜레마

지금까지 살펴본 것처럼 철학은 근본적으로 비현실적인 요소를 담고 있다. 철학이 추구하는 근본 목표가 현실에 존재하지 않는 것이 그 큰 이유이다. 비현실적이고 추상적인 개념과 사변 논리는 항상 어렵게 느껴진다. 형상이나 성질이 현실처럼 구체적이지 않기 때문이다.

그렇다고 비현실적인 요소를 담고 있어 접근하기 쉽지 않은 철학을 무시하고 피할 수 있을까? 앞서도 말했지만, 철학함이나 사유에 대한 본성은 인간이 원한다고 피할 수 있는 성질의 것이 아니다. 인간으로 태어난 이상 누구라도 철학의 부름을 피해갈 수 없다. 철학적 사유와 완전히 벽을 쌓고 실존적 삶을 완전히 무시하며 살아가는 사람은 이미 인간이 아니다.

결국 철학이라는 이름으로 행하는 사유의 본성은 인간에게는 피할 수 없는 운명이다. 사유와 무관한 동물도 아니고, 절대적이고 완전한 사유를 하는 신도 아닌 인간에게 사유는 버릴 수도 없고 그렇다고 쉽게 취할 수도 없는 매우 애매한 것이다. 즉 철학함은 인간에게 필연적이라서 마음대로 버릴 수도 없고, 그렇다고 비현실적인 속성 때문에 마음대로 취할 수도 없다. 사유하는 인간이 딜레마에 빠지는 이유는 철학의 이런 필연성과 비현실성에 있다. 비현실적 난해함을 숙명적으로 마주해야 하는 철학은 그래서 항상 인간에게 어려운 과제다.

학문으로서의 철학이 어렵게 느껴지는 현실적 이유를 또 하나 살펴보자. 철학은 기본적으로 본질을 따지며 근거를 추구하는 학문이다. 본질은 당연히 감각이나 경험 세계를 넘어서는 경지이다. 우리는 사물의 본질을 사물이라 말하지 않는다. 사물의 본질은 궁극적으로 사물이 아닌 것이 될 수밖에 없다. 철학에서 다루는 본질, 가치 개념, 형이상학 등은 모두 현실적·경험적 결론들과는 다른 순전히 사변적인 영역이다.

이런 개념들을 생각하는 것도 어려운 작업이지만, 생각한 결과물을 글로 표현하는 것 또한 쉽지 않다. 일반 풍경이나 사물을 글로 묘사하는 것도 쉽지 않거늘 사람의 마음속에 들어 있는 보이지 않는 생각의 덩어리를 글로 옮기는 일의 어려움은 두말할 필요도 없다. 이는 생각을 글로 표현하는 기술이 부족한 탓도 있겠지만, 자기의 생각이나 상상에 맞는 언어가 존재하지 않는 이유가 더 큰 원인이다. 이것이 바로 언어의 한계이다. 그래서 어떤 학자는 스스로 단어를 만들어 표현하기도 한다.

설사 생각을 글로 잘 표현했다 하더라도 다른 사람에게 전달하는 어려운 과정이 남아 있다. 글을 읽을 때 저자의 생각이 독자에게 정확하게 전달되기가 쉽지 않다. 즉 표현된 글을 읽고 저자의 생각을 정확하게 이해한다는 것은 굉장히 어려운 일이다. 하물며 순수 사고의 진수인 철학적 사상을 글을 통하여 이해한다는 것은 당연히 어렵고 난해한 작업일 수밖에 없다.

예를 들어 마음속에 상상의 동물을 하나 떠올리고 그것을 최대한 자세하게 글로 표현한다고 해보자. 글로 표현된 상상의 동물을 열 사람에게 나눠 준다. 그리고 열 사람에게 그 글을 읽고 묘사된 동물을 그려 보라고 하면 어떻게 될까. 아마 열 사람 모두 다른 동물을 그릴 것이다. 같은 글을 읽었지만 이해하는 내용은 각자 다를 수 있다는 의미이다. 동물의 묘사도 어려운데 하물며 현실의 경지를 넘어 본질을 사유한 내용을 글을 통하여 정확히 이해하는 것은 얼마나 어렵겠는가? 위대한 철학자의 방대한 사고 체계, 즉 철학 이론을 불완전한 언어를 통하여 정확히 이해한다는 것은 결코 쉽지 않다. 철학이 어려운 이유는 상당 부분 이러한 언어의 한계 때문이다. 인간의 상상을 현재의 언어가 모두 담아낼 수 있는 것은 당연히 불가능하다.

근거를 따지는 철학의 본질적 특성과 언어의 한계로 인해 철학 문헌은 읽고 이해하는데 어려울 수밖에 없으며 이는 철학의 숙명적 특성이라 할 수 있다.

사유, 즉 철학함은 필연성과 비현실성이라는 양립할 수 없는 특성으로 우리에게 다가온다. 이러한 사유의 딜레마에도 불구하고 인간은 완전한 세계로 향한 욕망을 굽힐 수 없다. 중간자인 인간의 의지는 참된 세계이며 완전한 진리의 세계인 신으로 향해 있다. 그렇다고 동물을 동경하고 닮을 수는 없으니 이것은 인간에게 지극히 당연한 현상이라 할 것이다. 근거를 밝히는 진리의 세계가 비현실적이고 어렵지만 인간은 진리를 향한 열망을 포기할 수 없다. 진리를 향한 사유의 욕망은 인간에게 필연적이기 때문이다. 인간의 사유 능력과 진리를 탐구하는 노력이 얼마나 위대한지 다음 장에서 확인할 수 있다.

하이데거(Martin Heidegger, 1889년~1976년)

하이데거는 포스트모더니즘 철학의 중심에 있는 독일 철학자이다. 그의 주저『존재
와 시간』은 해석학적 방식으로 인간을 분석한다. 철학은 존재의 해석이 되어야 하
며 인간의 본질이 불변성, 영원성(무시간성)에서 탈피하여 이제는 시간의 경과에
따라 재해석되어야 함을 주장하였다.

3장

진리와 의심

진리는 사전적으로 참된 이치나 도리를 뜻한다. 더 나아가 소크라테스는 이치나 도리를 넘어 한결같고 변함없는 만물의 근거나 원인을 진리라고 말한다. 앞에서 언급했듯이 소크라테스가 말하는 궁극적 근거는 현상이나 물질이 아니다. 자연 과학에서 규명하는 이치나 원리는 모두 현상에서 그 근거를 찾는다. 소크라테스에 의하면 현상적 근거는 궁극적 근거가 될 수 없다. 그래서 역사 이래로 인류가 축적해 온 현상과 물질의 존재 원리에 대한 지식이 참된 진리가 되지 못하고 부정되는 경우가 있다. 이는 감각과 현상 세계에서 이치와 진리, 즉 억견 세계의 진리는 언젠가 허물어질 수 있음을 보여 준다. 억견 세계의 지식은 항상 의심의 대상이 되며 언젠가 부정될 수 있는 가능성이 열려 있다.

오랫동안 믿어 왔던 현상적 진리가 한순간 거짓으로 판명 났을 때 지적 충격이 얼마나 큰지 역사적 사실 속에서 우리는 공감할 수 있을 것이다. 그 충격을 극복하고 새로운 진리를 구하기 위한 노력은 인간의 사유 능력이 얼마나 대단한지 잘 보여 준다. 또 현상과 물질을 근거로 한 일상적 진리가 불변의 진리가 아닐 수 있음을 전제로 했을 때, 인생의 진리에 대해서 우리가 어떻게 접근해야 하는지 다시 고민해 볼 필요가 있다.

밤하늘에 대한 궁금증

진리에 대한 탐구는 대개 자연 현상에 대한 경이로움에서 출발한다. 사람은 처음 경험하거나 이해할 수 없는 자연 현상에 대하여 호기심을 갖는다. 동물에게는 찾아 볼 수 없는, 인간만이 지닌 지적 본능이다. 쉽게 표현하면 인간의 본능적인 호기심이라고 할 수 있다. 동물은 현상이나 사물에 대하여 호기심을 갖지 못한다. 혹자는 개가 구석진 곳의 냄새를 맡는 행위를 개의 호기심이라고 부를지 모르나, 이는 본능적 행위에 불과하며 모르는 것에 대한 놀라움이나 호기심은 전혀 아니다. 더구나 인간만이 지닌 지적 호기심과는 전혀 다르다. 인간의 호기심은 본능적이기 보다는 이성적 성격이 강하고, 적극적 탐구로 발전할 수 있는 지적 욕구를 의미한다. 이런 경이로움은 인간의 지적 호기심을 자극하고 나아가 탐구와 연구로 이어진다.

우리는 이러한 경이로움을 많이 경험했고, 지금도 가끔 경험하면서 산다. 흔한 경험으로는 시골의 밤하늘이 대표적이다. 공기 맑은 시골의 밤하늘에 쏟아질 듯 총총히 떠 있는 별을 기억할 것이다. 이런 밤하늘을 보며 우리는 많은 생각에 잠긴다. 저 반짝이는 별들은 왜 저기 떠 있는 것인가? 저 별들은 얼마나 멀리 떨어져 있는가? 저 별들은 언제부터 저기 있었으며 별에는 무엇이 있을까? 그 누구도 답해줄 수 없는 이와 같은 막연한 질문을 스스로에게 던져 본 경험이 누구에게나 있을 것이다.

옛날로 거슬러 올라가 2500년 전 고대 희랍 사람들도 별이 반짝이는 밤하늘을 보면서 우리와 마찬가지로 경이로움과 궁금증에 사로잡히곤 했을 것이다. 이들은 동양에서처럼 자연 현상을 종교적이고 주술적인 차원에서 다루지 않고, 나름 체계적이고 논리적인 분석을 시도했다. 고대 희랍 사람들이 밤하늘, 즉 천체에 대한 지적 탐구를 최초로 시도한 이유가 여기에 있었다.

아주 옛날, 인간은 의식주를 해결하지 못하고 굶주린 상태가 이어졌으나 2500년 전 고대 희랍 사람들의 삶의 여건은 일부 잉여 자원이 가능하여 의식주와 상관없이 지적 활동에 전념할 수 있는 계층이 생기기 시작하는 단계라고 볼 수 있다. 여기서 말하는 고대 희랍 지역은 서양 고대 문명이 가장 먼저 발달한 나라로 지금의 그리스 지역을 가리킨다. 이곳이 그나마 문명이 비교적 앞서 발전할 수 있었던 이유는, 유리한 지정학적 조건으로 해상 무역이 활발했기 때문이다.

상대적으로 문명이 발달했다고 하더라도 아직까지 희랍인들의 생활은 궁핍하기 이를 데 없었지만, 일부 식자층을 중심으로 지적 탐구가 활발히 이루어졌다. 모르는 것을 알고자 하는 지난한 노력은 시간이 지남에 따라 체계화됨으로써 학문과 지식으로 발전하게 된다. 지적 문명이 가장 발달한 고대 희랍에서 천체에 대한 완전한 규명을 시도한 대표 철학자가 바로 아리스토텔레스이다. 과학적 기반이 거의 없던 고대에 아리스토텔레스는 천체에 대해 어떻게 설명하고 있는지 살펴보는 것은 매우 흥미로운 일이다.

아리스토텔레스 우주론

    석기 시대 사람들은 지구가 평평하다고 생각하고 바다 멀리 나가기를 두려워했다. 그렇지만 고대 희랍의 아리스토텔레스가 활동하던 시기에는 지구가 둥근 모양을 하고 있다고 믿었다. 그래서 우주는 지구와 지구를 중심으로 둘러싼 천체로 구성되어 있다고 믿었다. 아리스토텔레스는 지구와 지구를 감싸고 있는 천체는 완전히 다르며, 지구는 불완전한 물체인 물, 불, 흙, 공기로 이루어진 반면 천체는 전혀 다른 제5원소로 이루어져 있다고 주장했다. 그리고 지구는 우주의 중심이며 천체는 지구를 구심점으로 원운동을 한다고 믿었다.

    아리스토텔레스 우주론의 특징은 우주를 월하계(月下界)와 월상계(月上界)로 나눠 설명한다는 데 있다. 우주는 둥근 모양을 하고 있는데 이 천구(天球)가 월하계와 월상계로 나눠 있다는 것이다. 천구의 중심에 지구가 있고 일정한 높이에 달이 존재하는데, 이 달을 경계로 달 아래는 월하계이고 달 위는 월상계에 해당한다. 그리고 태양과 별들은 모두 천구에 박혀 천구와 함께 원운동을 한다고 보았다.

    아리스토텔레스의 개념에 의하면 월하계와 월상계는 뚜렷하게 구분되는 완전히 다른 세계이다. 월상계는 원운동을 한다. 원운동은 가장 완벽하고 영원한 운동이다. 왜냐하면 시작과 끝이 없는 운동이기 때문이다. 그래서 월상계는 완전한 세계이다. 반면 월하계는 직선 운동을 한다. 즉 월하계는 지구의 중력 때문에 올라갔다가 수직으로 떨어지는 운동을 할 수밖에 없는 것이다. 그래서 직선 운

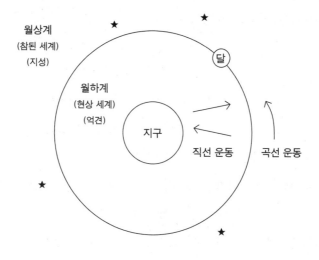

아리스토텔레스 천구의 모양

동은 지속될 수 없는 운동이며 불완전한 세계의 운동 방식이다.

또한 아리스토텔레스는 월상계와 월하계에 존재하는 물질이 다르다고 보았다. 예를 들어 천상계가 제5원소로 알려져 있는 '에테르(Ether)'로 이루어진 영원히 변하지 않는 세계라면, 월하계는 네 개 원소로 이루어진 변화 가능한 세계였다. 즉 두 세계는 서로 다른 원소들로 채워져 엄격하게 구분되는 것이다.

영원한 운동과 변하지 않는 물질로 이루어진 월상계는 참된 진리의 세계이다. 반면에 한계가 있는 직선 운동을 하며 변화하는 물질로 이루어진 불완전한 월하계는 거짓이 많은 세계이며 변화무쌍한 감각의 세계이다. 소크라테스의 이론에 따라 분류하면, 월상계는 지성이나 이데아의 세계이며 월하계는 억견이나 상상의 세계이다. 소크라테스에 의하면 이데아는 억견과 경험의 세계에 대한 존재 근거가 된다. 즉 이데아의 존재가 있어야 변화하는 경험 세계가 존재할 수 있다는 것이다. 그러므로 월상계는 월하계의 존재 근거가 된다. 월하계는 월상계에 의해 존재하며 월상계 없이는 존재할 수 없다.

운동과 그 운동 원인에 대한 근거를 바탕으로 천체의 운동 방식을 좀 더 자세히 살펴보도록 하자. 월상계와 월하계를 이루고 있는 원소들은 무게에 따라 위계적 질서를 이루며 서로 다른 위치에 존재한다. 월하계를 이루는 네 원소 중 흙과 물은 무거워 우주의 중심을 향하는 본연의 성질이 강하고, 공기와 불은 가벼워 공중으로 상승하는 성향이 강하다. 그러한 까닭에 월하계는 아래부터 위로 무거운 순서에 따라 흙, 물, 공기, 불의 위계를 이룬다. 이러한 지상계의 네 원소 세계는 달의 천구 아래에서 끝나고, 그 위에 영원하고 완전한 세계인 에테르로 구성된 월상계가 있다.

월하계와 월상계를 구성하는 물질이 전혀 다르기 때문에 그 물질들의 운동도 각각 다르다고 아리스토텔레스는 생각했다. 월하계에 외부의 방해 없이 네 원소를 가만히 두면 가벼운 공기와 불은 위로 올라가고, 무거운 흙과 물은 아래로 내려오는 직선 운동을 한다는 것이다. 반면에 태양이나 달, 별 같은 월상은 월하와는 근본적으로 다른 원소로 이루어져 있기 때문에 다른 방식으로 운동한다고 주장한다. 즉 에테르로 구성된 천체의 자연적인 운동은 우주의 중심인 지구를 원점으로 하여 시작도 끝도 없는 완전한 운동인 등속(等速) 원운동을 계속하는 것이다.

아리스토텔레스에 의하면 모든 운동은 그 원인이 존재한다고 했는데, 천체를 움직이게 하는 운동의 원인은 무엇일까? 우선 월하계를 움직이는 것은 월상계이다. 즉 월하계의 존재 근거인 월상계가 월하계를 움직이게 만든다. 월상계로 인해 월하계가 존재하듯이 월상계로 인해 월하계가 운동을 하게 되는 원리이다. 그러면 월상계는 무엇에 의해 움직이는 것일까? 월상계는 영원히 운동하는 실체이다. 영원히 운동하는 실체의 원인이 되는, 영원하지만 운동하지 않는 실체를 아리스토텔레스는 규명하려고 노력했다.

아리스토텔레스의 영원하지만 운동하지 않는 실체에 대해 설명하기에 앞서 일반적인 운동 원리를 알아 둘 필요가 있다. 운동에는 세 가지 종류가 있다. 어떤 다른 것에 의하여 움직여지기만 하는 것이 있고, 다른 것에 의하여 움직여지면서 다른 것을 움직이게 하는 것이 있다. 대부분의 모든 운동은 다른 것에 의해 움직여지면서 다른 것을 움직이게 하는 운동을 한다. 예를 들면 축구공을 차서 골대 안으로 넣는 운동을 생각해 보자. 축구공은 발에 의하여 움직여지면서 또 날아가서는 골대 안의 그물에 부딪혀 그물을 움직이게 한다. 세 번째 운동의 종류는 다른 것을 움직이게 하지만 스스로는 다른 것에 의해 움직여지지 않는 운동이다. 이는 다른 것의 힘을 필요로 하지 않으면서 스스로 다른 무엇을 움직이게 하는데, 모든 운동은 이 세 번째의 스스로 운동을 발휘하는 존재에 의해 시작될 수밖에 없다.

아리스토텔레스가 천체의 움직임을 설명하기 위해서는 다른 것을 운동하게끔 만들지만 스스로는 그 어떤 것에 의해서도 움직여지지 않는, 즉 근거나 원인을 제공받지 않는 존재가 있어야 했다. 다른 것에 의해 영향을 받지 않고 스스로 운동의 원인이 되는 존재가 반드시 필요한 것이다. 그렇지 않으면 운동의 원인과 근거를 찾는 것은 무한 소급으로 끝이 없이 계속되기 때문이다. 즉 A는 B에 의해서 움직여지고, B는 C에 의해서 움직여지고, C는 D에 의해서 이런 식으로 무한히 계속된다.

그러면 참된 세계인 월상계 원운동의 원인과 근거는 무엇인가? 그 운동은 어디에서 비롯된 것인가? 그것은 그 운동을 야기하는 어떤 존재로부터 비롯됐을 것이라고 아리스토텔레스는 생각했다. 아리스토텔레스는 이 존재가 운동을 일으키기는 하지만, 그 자신이 운동하지는 않는 그런 존재여야 한다고 믿었다. 그리고 이 존재는 다른 것에 의해 근거지어 지지도 않고, 원인되어 지지도 않아야 한다. 그 존재는 또한 영원하고, 실체이며, 활동이어야 한다. 운동시키지만 운동하지는 않는 존재, 아리스토텔레스는 이 존재를 부동의 원동자라고 부른다.

부동의 원동자는 자기의 존재나 운동을 위해 남의 힘을 필요로 하지 않는다. 그러면서 그는 다른 모든 것을 움직이게 하는 존재이다. 그는 스스로 완전한 존재이다. 아리스토텔레스가 말하는 부동의 원동자는 신을 의미하는 것인지도 모른다. 아리스토텔레스에 의하면 부동의 원동자는 자기 사고에만 집중하는 완벽한 존재이다. 완벽한 존재가 불완전한 대상을 사고할 필요는 없는 것이다. 자기 사고를 하는 완벽한 존재인 신은 세상을 잘 움직이게 하는 전지전능한 존재라고 할 수 있다.

중세 기독교에서 등장하는 신은 아리스토텔레스의 부동의 원동자와 그 개념이 약간 다르다. 아리스토텔레스의 부동의 원동자는 스스로 자기 사고에 전념하지만, 교황과 신학이 지배하던 중세에는 신이 자기 사고를 하는 존재가 아니라 모든 세상의 운행과 청사진에 대해 사고한다고 생각했다. 즉 신은 모든 존재에 대한 그리고 모든 존재를 위한 사고를 한다고 믿었다. 이것은 세상의 존재와 운행에 대하여 신이 적극 관여하는 관점을 견지해야만 신에 의지하는 인간의 신앙을 합리화할 수 있었기 때문이다.

아리스토텔레스(Aristoteles, 기원전 384년~322년)

아리스토텔레스는 플라톤의 제자이다. 사제지간에 철학적 업적과 저술이 엄청나다. 흔히 플라톤을 고슴도치에 아리스토텔레스를 여우에 비유함으로써 둘의 차이점을 상징적으로 표현한다.

우주론과 중세 신학

아리스토텔레스의 천체 우주론은 중세에도 당연한 진리로 받아들여졌다. 중세는 기독교가 세상을 지배하던 시대였고 아리스토텔레스의 천체 우주론은 기독교의 사상이나 교리와 크게 어긋나지 않았다. 그러므로 아리스토텔레스의 우주론에 대해 검증하거나 반론을 제기할 노력이 전혀 시도되지 않았다.

아리스토텔레스의 지구 중심적 천체론은 신학의 논리에 적합했다. 성경에 의하면 만물의 창조는 지구를 중심으로 이루어졌으며 인간을 중심으로 모든 생명체가 창조되었다. 성경 창세기에는 하나님이 빛이 있으라 하시매 빛이 있게 되었고 또 하나님이 어둠과 별들을 만드신다고 적혀 있다. 지구를 중심으로 빛과 어둠을 나누고 하늘에 별과 천체를 만들어 배치하는 구도는 아리스토텔레스의 우주론과 상당 부분 일치한다고 볼 수 있다. 신에 의한 만물의 창조를 설명하는데 있어서 아리스토텔레스의 지구 중심적 우주론은 아주 적합한 논리적 근거를 제공한 것이다.

무한한 공간과 무수한 행성의 존재를 인정하는 현대 우주론은 성경과 일치하지 않는다. 우주의 무한 공간에서 지구의 존재는 결코 우주의 중심이라 할 수 없기 때문이다. 지구는 우주의 아주 작은 티끌 정도에 지나지 않는다. 설사 우주의 중심이 지구라 하더라도 티끌만한 지구를 만들기 위해 이렇게 거대한 우주를 만들 필요까지 있었을까 하는 의문이 든다. 그러므로 지구 중심적 창조론은 현대 우주론 입장에서 보면 논리적으로 설득력이 떨어진다.

지구를 중심으로 한 천체의 운행 구조를 설명하는 아리스토텔레스의 우주론은 창세기의 말씀을 잘 뒷받침하고 있다. 어쩌면 성경의 창세기는 아리스토텔레스의 우주 이론을 기반으로 해서 쓰였는지도 모른다. 아리스토텔레스가 예수보다 약 350년 전 사람인 것을 고려하면 충분히 가능한 추론이다.

그런데 중세의 신은 세계 전체의 존재와 운행을 돌보고 관여한다는 점에서 오직 자기 사고에만 집중하는 아리스토텔레스의 부동의 원동자와 다르다. 그럼에도 불구하고 지구 중심의 천체론과 부동의 원동자 이론은 성경의 원리를 훌륭하게 뒷받침하고 있기 때문에 중세 기독교의 전폭적인 지지를 등에 업고 흔들리지 않는 진리로 여겨졌다. 지구를 중심으로 우주를 창조한 성경의 창세기 내용을 훌륭하게 뒷받침하기 때문에 당연한 현상이라 할 것이다.

2세기 중엽, 그리스 천문학자 프톨레마이오스가 천동설을 발표했는데 이는 아리스토텔레스 우주론의 원리를 벗어난 이론이 아니었다. 다만 아리스토텔레스가 설명하지 못했던 행성의 불규칙적인 운동에 대하여 프톨레마이오스가 해명을 시도한 것이 특징이다.

지동설의 등장

이와 같이 신학의 창세기 교리를 학문적으로 잘 뒷받침해 온 아리스토텔레스의 지구 중심 우주론은 중세 교황의 막강한 권력을 배경으로 천체에 대한 흔들림 없는 확고한 진리가 되었다. 즉 기원전 400년 전부터 서기 14세기까지 거의 2000년 동안 아리스토텔레스의 천체론에 대한 도전은 거의 이루어지지 않았다. 그도 그럴

것이 중세에는 모든 지식과 권력이 교회로부터 나왔으며, 교회의 권위에 도전하는 학문은 감히 시도조차 해보기 힘들었다.

그러나 16세기 코페르니쿠스에 의해 아리스토텔레스의 우주론은 심각한 도전에 직면하게 된다. 코페르니쿠스는 기존의 천동설을 뒤집고 천체는 태양을 중심으로 공전하므로 지구가 움직인다는 지동설을 주장했다. 이는 2000년 우주 진리를 뒤집는 너무나도 경이로우며 획기적인 천체 이론이었다. 당시에는 설사 지동설이 맞는 이론이라 하더라도 쉽게 믿을 수 없을 정도였다.

코페르니쿠스는 그의 책『천체 운행에 관하여』에서 지동설에 관한 자신의 이론을 기술해 두었다. 그러나 당시 세계를 지배하고 있던 신학 교리는 당연히 지동설을 인정하려 하지 않을 것이 뻔했다. 왜냐하면 지동설은 신학의 말씀과 양립하기 힘들기 때문이다. 오히려 이단이라 탄압하고 징벌의 대상이 될지 모를 상황이었다. 이런 상황에서 코페르니쿠스는 지동설 반대자들의 공격에 대비하여 그의 이론을 더욱 정교하게 다듬는 데 심혈을 기울였다. 그러나 코페르니쿠스는『천체 운행에 관하여』발표를 며칠 앞두고 세상을 떠나고 말았다. 예상했던 대로 책은 교황에 의해 금서로 지정되고 출판도 제재를 받아 세상에 알려질 수 없었다.

과학적 입장에서 보면, 천동설에서 지동설로 인식의 변화는 엄청난 발상의 전환이라고 볼 수 있다. 하지만 16세기에는 과학적 측면보다는 종교적 입장에서 지동설이 너무나 파괴적이고 충격적이어서 수용하기 힘든 학설이었다. 중세에는 신학이 세상의 모든 원리와 윤리의 판단 기준이 되고 있었다. 관찰된 자연 현상에 대한 원리와 성경의 교리가 충돌할 때는 당연히 성경을 우선시할 수밖에 없었다. 수학적 근거에 입각한 자연 과학적 진리라 할지라도 성경에 대적하여 건재하기 힘들었다. 이는 교회의 권위는 절대 훼손될 수 없는 신성한 것이기 때문이었다. 절대적 권위는 조그마한 흠결도 절대 용납할 수 없는 것이다. 지동설은 교회와 성경의 권위를 심각하게 위협하는 이론이었다. 결국 지동설은 성경에 대립하면서 과학을 무기로 종교적 권위에 도전하는 대표 사례가 되었다.

교회의 절대적 권위와 억압에도 불구하고 지식과 과학에 대한 인간의 욕구는 쉽게 포기되지 않는다. 코페르니쿠스 다음 세대인 갈릴레이는 지동설을 또 다시 주장하게 된다. 물론 당시 지동설은 금기시 되었을 뿐만 아니라, 주장하는 자체만으로도 교회로부터 심한 탄압을 받을 수 있었다. 갈릴레이도 지동설을 주장하고 나서 이단으로 지목되었고 종교 재판에 회부되었다. 그러나 다행히 유력 고위직 신부를 친구로 두었던 갈릴레이는 곧 풀려난다. 그 후 갈릴레이는 그의 역작인『프톨레마이오스와 코페르니쿠스의 2대 세계 체계에 관한 대화』에서 지동설을 좀 더 체계화시켜 발표한다. 이로 인해 그는 두 번째 종교 재판에 회부되고 결국 종신형을 판결 받게 된다. 이 재판에서 갈릴레이는 종신형 언도를 받은 직후에 "그래도 지구는 돈다."라는 유명한 말을 남긴다. 우리가 최초 지동설을 주장한 사람으로 코페르니쿠스와 함께 갈릴레이를 언급하는 이유가 여기에 있다. 지동설은 코페르니쿠스가 최초로 주장했지만 그것을 정교화시켜 발표하고 보급한 것은 갈릴레이였기 때문이다.

결국 2000년 동안 확실한 진리로 여겨졌던 지구 중심 우주론이 코페르니쿠스와 갈릴레이의 지동설에 의해 거짓으로 판명 났다. 2000년 동안 진리였던 것이 거짓으로 판명되면서 당시 사람들에게 엄청난 파장과 충격을 가져왔다. 인간이 살고 있는 지구가 세계의 중심이 아니고 변방의 일부분에 지나지 않는다는 사실은 인간 자신의 존재와 세계관에 전혀 다른 인식을 불러일으키게 된다. 인간의 존재가 무엇이고 삶의 의미는 무엇인지 새롭게 정립하지 않으면 안 되었다.

파스칼이 "무한한 공간의 영원한 침묵이 나를 두렵게 한다."라고 한 말은 당시의 지적·심리적 충격이 얼마나 컸는지 잘 보여준다. 파스칼의 말은 갑자기 무한한 공간에 놓였을 때의 아득함을 잘 표현하고 있다. 무한한 공간에서는 어디로 가야 할지 방향도 알 수 없고 경계도 알 수 없다. 누구의 도움도 없이 그냥 우주 공간에 홀로 던져진 자신을 발견하고 인간은 극한 두려움에 빠질 수밖에 없다. 지금까지 자연과 부합된 삶에서 완전히 무한 공간으로 던져져 도저히 이제는 자연과 함께할 방법을 찾지 못하는 허무함이 엄습한다. 무한 공간에서 인간은 삶의 무의미성을 느끼게 된다. 과연 이제 인간은 어떻게 해야 하는지 어디로 가야 하는지 큰 숙제를 마주하게 된다.

코페르니쿠스(Nicolaus Copernicus, 1473년~1543년)

코페르니쿠스의 지동설은 당시로서는 너무나 파격적이고 혁명적인 주장이었다. 그래서 그가 죽을 때까지 『천체 운행에 관하여』라는 책은 세상의 빛을 보지 못했다. 그의 지동설은 닫힌 우주관에서 열린 우주관으로, 유한 세계에서 무한 세계로 인식의 전환을 가져오는 획기적인 사건이었다. 그래서 획기적이고 기상천외한 변화를 '코페르니쿠스적 전환'이라고 부른다.

갈릴레이(Galileo Galilei, 1564년~1642년)

갈릴레이는 뛰어난 수학자이자 천문학자이다. 프톨레마이오스의 천동설과 코페르니쿠스의 지동설을 비교 연구하였으며 마침내 지동설이 맞다고 판단했다. 지동설의 발표로 그는 법정에 소환되었고 잘못을 인정하는 조건으로 풀려났다. 그는 법정을 나서면서 '그래도 지구는 돈다'라는 유명한 말을 남겼다.

파스칼(Blaise Pascal, 1623년~1662년)

파스칼은 수학에 천재적 소질을 보였으며 한편으로는 종교적 구원에 지나치게 몰입하는 극단적 성격의 인물이었다. 수학과 기하학에 뛰어났으나 인간의 한계를 누구보다 잘 알고 있었다. 자신의 한계를 극복하기 위해 기독교에 의지했으며 자기자신에게 너무나 혹독한 채찍을 가했다. 이런 연유로 그는 39세의 젊은 나이에 요절하고 말았다.

의심할 수 없는 진리

이제는 그 무엇도 믿을 수 없게 되었다. 2000년을 지탱해 온 진리도 무너지는 판에 무엇을 믿고 의지할 수 있단 말인가? 과연 흔들림 없는 확실한 진리는 없는 것인가? 변함없는 진리란 무엇인지 그리고 진리는 어떻게 추구해야 하는지 막막해졌다.

이런 절망적인 현실 속에서도 객관적이고 흔들림 없는 진리를 어떻게 추구할 수 있을까 고민한 사람이 있었으니, 그가 바로 데카르트이다. 1596년 프랑스 귀족 가문에서 태어난 데카르트는 어릴 적부터 몸이 무척 허약했다고 한다. 그래서 이름도 소생(蘇生)이라는 뜻의 르네로 지은 것으로 보인다. 몸이 허약한 탓에 데카르트는 항상 아침 늦게까지 자는 버릇이 있었다. 말년에 스웨덴 여왕의 가정교사로 초대된 데카르트는 일주일에 사흘은 새벽 5시에 일어나 여왕에게 강의를 해야 했다. 아침에 늦게 일어나는 습관을 가진 데카르트에게 새벽 강의는 여간 힘든 일이 아니었다. 새벽 찬 공기를 마시며 강의에 나가야 했던 데카르트는 이듬해 쉰 넷의 비교적 이른 나이로 폐렴에 걸려 먼 이국 땅 스웨덴에서 생을 마감하게 된다.

데카르트는 스무 살에 '세상이라는 커다란 책'으로부터 실질적인 지식을 얻기 위해 학교 밖으로 나갔다. 어느 날 어려운 기하학을 풀면 사례하겠다는 광고지를 보고 그는 불과 몇 시간 안에 문제를 풀었고, 자신에게 수학적 재능이 있음을 알았다. 그는 수학에도 업적을 남겼는데 직교좌표계, 거듭제곱, 방정식 표기 등이 데카르트의 업적이다.

또 데카르트는 사시를 가진 사람을 만나면 유난히 친근감을 느낀다는 사실을 알게 된다. 이는 어릴 적 사랑했던 한 소녀가 사시였던 경험에서 비롯된 무의식적인 감정임을 알게 된다. 데카르트는 이러한 사소한 일화를 통해 감정이 어떻게 이성의 판단을 방해하는지 깨닫게 된다. 철학자로서의 소질을 마음껏 발휘한 데카르트는 이성의 활용과 역할에 대해 큰 업적을 세우게 된다. 이성주의 철학자인 데카르트 묘비에는 다음과 같은 글이 적혀 있다. "데카르트, 유럽 르네상스 이후 인류를 위해 처음으로 이성의 권리를 쟁취하고 확보한 사람이다."

철학과 수학에 남달리 재능이 있었던 데카르트는 지금까지 진리라고 믿었던 천동설이 거짓으로 판명나면서 도대체 무엇을 믿을 수 있으며 또 무엇을 토대로 진리를 다시 구축할 수 있을지 고민이 되지 않을 수 없었다.

그래서 데카르트는 확실한 것을 찾기 위해 일단 기존의 모든 사실들을 확실하지 않다고 가정했다. 즉 데카르트는 모든 것을 의심해보는 방법을 택했다. 모든 것이 확실하지 않은 이상 좀 더 확실한 진리를 찾기 위해서는 의심할 수 있는 것은 모두 의심해 보는 것이다. 왜냐하면 아무리 의심하더라도 더 이상 의심할 수 없는 것이 있다면 그것은 분명 흔들림 없이 확실한 진리일 것이기 때문이다. 데카르트는 진리를 추구하기 위해 방법론적 회의론(methodological skepticism)을 사용했던 것이다. 방법론적 회의론은 일체의 것을 의심해 본 후 의심하려 해도 더 이상 의심할 수 없는 것을 찾기 위한 방법이다.

더 이상 의심할 수 없는 확실한 진리를 출발점으로 확보하게 되면 또 다른 확실한 진리도 찾을 수 있다는 논리이다. 그래서 데카르트는 귀납적인 경험주의보다는 연역적 방법을 사용하는 이성주의가 진리를 파악하는데 더 효율적이라고 판단했다. 진리를 확립하기 위해서 연역적 사고의 출발점으로서 의심할 수 없는 전제가 필요했던 것이다. 데카르트는 의심할 수 없는 전제에서 출발하여 합리적인 규칙으로 결론에 도달하면, 이는 확실한 지식이 될 수 있으리라 믿었다. 즉 출발점이 확실하고 그 후 과정이 논리적이고 합리적이면 결론도 마찬가지로 확실한 진리일 수밖에 없다.

그는 모든 것을 회의했고 의심이 드는 것은 모두 버렸다. 그러나 아무리 의심하고 회의해도 쉽게 버릴 수 없는 두 가지 사실이 있었다. 하나는 감각을 통한 경험의 세계이고, 다른 하나는 수학이나 기하학의 지식이다. 데카르트는 통상의 인식적 견지에서 보면 도저히 사실을 의심할 수 없는 이 두 가지에 대해서도 의심을 시도하게 된다.

우선 감각으로 느껴지는 경험 세계를 살펴보자. 우리는 오감의 감각 기관을 통해 감각 세계의 모든 것을 지각한다. 그런데 이런 감각으로 지각되는 사실 자체를 진리가 아니라고 과연 의심할 수 있을까?

여기서 주의할 점은, 데카르트가 의심하는 것은 지각되는 대상에 대한 사실 여부가 아니라 감각을 통한 지각 그 자체를 의미한다는 것이다. 감각되는 대상에 대한 사실 여부는 참일 수도 있고 거짓일 수도 있다. 예를 들어 우리가 눈으로 젓가락 같은 사물을 볼 때 그 젓가락은 곧은 것으로 인식된다. 하지만 물에 잠긴 젓가락을 보면 젓가락이 굽어 보인다. 이 젓가락은 굽어 보이지만 굽은 것이 아니다. 사실과 인식이 일치하지 않는 것이다. 이 경우 눈으로 지각하는 것은 사실과 일치하지 않으며 참이 아니다. 하지만 대상에 대한 인식의 진리 여부를 떠나 내가 지금 젓가락이라는 어떤 대상을 보고 있다는 사실 자체는 의심할 수 없다. 내가 지금 책상 앞에 앉아 있고 자판을 치고 있으며 앞에는 컴퓨터 모니터와 스탠드가 놓여 있는 이 상황은 사실이다. 내가 지금 감각하고 있는 이 대상들은 엄연한 사실이라고 믿어야 하지 않겠는가? 내가 길을 가다가 친구를 우연히 만나 악수를 하고 안부를 전하는 대화를 한다. 이런 현상은 틀림없는 사실이고 진리라고 말할 수 있다.

그러나 엄연한 사실로 받아들여지는 이러한 감각적 사실들도 데카르트는 최대한 의심했다. 데카르트에 의하면, 감각 경험을 의심할 수밖에 없는 이유는 꿈일지도 모르기 때문이다. 꿈을 경험과 혼동할 수 있다는 것이다. 내가 길을 가다가 친구를 만나 악수하는 행위들이 꿈일 수도 있는 것이다. 더 나아가 우리가 감각을 통하여 느끼면서 살아가는 현실 세계 전체가 꿈일지도 모른다고 데카르트는 생각했다. 만약에 감각 경험이 꿈일 수 있다면, 우리는 꿈일지도 모르는 현실 경험을 토대로 진리를 구축할 수 없다. 꿈은 사실이 아니며 참이 아니기 때문이다. 그래서 감각 경험이 확실성이 보장된 출발점이 되려면 이것이 꿈이 아님을 입증해야 한다. 그런데 감각 세계가 꿈이 아님을 입증할 방법이 쉽지 않다. 설사 꿈이 아님을 입증할 방법이 있다 하더라도 입증하는 방법 또한 꿈일 수 있기 때문에 그 방법이 꿈이 아님을 또 증명해야 한다. 이렇게 끊임없는 입증이 이어지면 논리적으로 입증이 불가능해진다. 즉 무한 퇴행의 오류를 벗어날 수 없다. 그래서 꿈이 아니라고 증명할 수 없는 감각 경험은 데카르트에게 의심의 대상이 될 수밖에 없고, 결국 감각 경험은 확실한 지식의 출발점이 될 수 없다고 결론 내린 것이다.

이제 수학과 기하학적 지식에 대하여 살펴보자. 수학이나 기하학에서 밝혀진 공식들은 모두 진리라고 입증된 것인데, 이것이 거짓이라고 의심할 수 있을까? 예를 들면 1 더하기 2는 3과 같은 수학의 원리나 피타고라스 정리 같은 공식은 우리 모두 인정하는 의심할 수 없는 진리라고 볼 수 있다. 과연 1 더하기 2는 3이라는 수리적 원리를 거짓이라고 의심할 수 있을까? 그러나 데카르트는 이 수학 공식에 대해서도 의심할 수 있는 데까지 최대한 의심한다. 결국 데카르트는 이런 수학적 원리에 대해서도 의심해 볼 수 있는 방법을 찾아냈는데, 그것은 교활한 악령(evil demon)에 의해 우리가 속임을 당하고 있기 때문에 옳다고 믿는지도 모른다는 것이다. 즉 우리가 알고 있는 수학이나 기하학적 지식이 사실은 거짓인데도 교활한 악령의 조작으로 옳다고 믿게 만든다는 것이다. 전지전능한 신이 교활한 악령이라면 이런 수학 원리가 오류가 없는 것처럼 보이게끔 우리를 충분히 속이거나 조작할 수 있다. 그래서 수학이나 기하학적 원리가 지식의 출발점이 되려면 교활한 악령이 우리를 속이고 있지 않다는 것을 입증해야 한다. 불행하게도 우리는 이것을 입증할 수 없기 때문에 이 원리들은 당연히 지식의 출발점이 될 수 없다.

데카르트는 의심할 수 있는 것은 모두 의심했다. 현실에 존재하는 모든 감각 경험의 사실과 수학적 원리들을 의심했다. 방법론적 회의론으로 모든 것을 의심하고 이제 남은 것은 무엇이 있을까? 만약 더 이상 의심할 수 없는 최종적인 그 무엇이 또 있다면 그것은 흔들림 없는 진리가 될 수 있을 것이다. 결국 데카르트는 이런 모든 것을 의심하고도 그래도 더 이상 의심할 수 없는 한 가지를 알아냈다. 데카르트는 현재 의심을 하고 있는 나 자신은 더 이상 의심할 수 없는 사실이라는 것을 깨달았다. 의심하고 생각하는 지금의 나 자신은 의심할 수 없는 사실이라 할 수 있다. 의심을 하는 존재인 내가 없이는 꿈도 없고 악령이 나를 속일 수도 없다. 어떤 경우에도 의심하고 생각하는 내 자신을 부정할 수 없다. 나라는 존재가 없이는 의심도 없고 꿈이나 악령의 속임도 있을 수가 없기 때문이다. 그래서 데카르트는 진리 추구를 위한 철학의 제1원리로서 "나는 생각한다 고로 나는 존재한다."를 채택한 것이다. 데카르트에 의하면 이런 제1원리의 토대를 기반으로 합리적이고 논리적인 전개를 해나가면 우리는 확고부동한 진리에 도달할 수 있다고 한다.

코페르니쿠스에 의해 2000년 동안 진리였던 천동설이 부정되는 공허하고 방향성 없는 현실에서 데카르트가 또 다른 확실한 진리를 구축하기 위한 새로운 출발점을 찾아낸 감동적인 순간이 아닐 수 없다.

데카르트(René Descartes, 1596년~1650년)

데카르트는 프랑스가 낳은 근대 이성주의 대표적 철학자이다. 그는 지동설의 대두,
30년 전쟁, 구교와 신교의 종교적 갈등 등을 보면서 확실성과 진리에 집착한다. 자
신의 존재와 생각을 확실한 진리의 출발점으로 삼지만 전지전능한 신이 결부되면
서 논리적 혼선을 겪는다.

의심과 과학적 지식

자연 과학적 진리는 과학 지식의 발전에 따라 변할 수밖에 없다. 우주 이론의 발전과 데카르트의 흔들림 없는 진리의 토대 구축은 인간이 진리 탐구를 위해 얼마나 부단한 노력을 해 왔는지 잘 보여 준다. 우리는 2000년 동안 지속된 진리도 오류로 판명날 수 있음을 확인했다. 현재 우리가 진리라고 믿는 그 무엇이 거짓으로 판명될 가능성을 부정할 수 없다. 그래서 주어진 지식을 피동적으로 받아들일 것이 아니라, 항상 능동적인 자세로 의심할 수 있어야 한다. 네덜란드 철학자 스피노자는 세상에 우연은 없다고 했다. 그에 의하면, 우연은 인간의 무지를 방증하는 것에 지나지 않는다. 과학과 지식이 발달함에 따라 기존의 진리가 바뀔 수 있고 우연이 필연으로 밝혀질 수도 있다.

인간의 지식은 절대적이지 않다. 그러므로 우리가 모른다고 해서 위축될 필요도 없고, 안다고 해서 특별히 우쭐댈 필요도 없다. 틀려 보지 않은 사람은 정답을 찾을 수 없다. 틀리거나 실패할 것을 두려워하지 말고 자신감을 갖고 도전해야 한다. 2000년의 진리를 무너뜨리듯이 기존의 것을 과감히 의심해 보고 새로운 진리에 도전해야 한다. 도전에는 실패와 좌절이 있을 수 있다. 하지만 틀리고 실패했다고 위축되지 말고, 남을 비난하지 말아야 한다. 틀리고 실패할 수 있는 것이 인간의 특권이고 이러한 실패를 발판삼아 끊임없이 진리를 추구하는 것이 인간의 본성이다.

스피노자(Spinoza, 1632년~1677년)

스피노자는 자연이 곧 신이며 신은 유일한 실체라고 주장한다. 그의 급진적이고 과
격적인 성경 해설은 기독교와 큰 갈등을 야기했다. 그의 주장에 의하면 이 세상에
특별히 악(evil)이라고 불릴만한 것이 없고 선악이라는 것은 인간의 기준에 의한 일
시적, 감정적 판단에 불과하며 모든 것은 자연의 섭리 안에 정상이다.

스스로 만드는 삶

2000년의 진리가 부정되는 역사적 사실을 보면서 현재 우리에게 주어진 진리가 어느 순간 부정될 수 있음을 인정해야 한다. 과학적 진리도 이렇게 부정되는 상황에서 인문적 진리는 더 쉽게 부정될 수 있는지도 모른다. 그러므로 외부로부터 주어진 지식이나 진리를 피동적으로 수용할 것이 아니라, 항상 능동적으로 점검하고 다르게 생각할 수 있는 진리적 자세를 갖추어야 한다. 특히 스마트폰과 소셜 미디어의 발달로 현대인은 정보를 수동적으로 받아만 들일 뿐, 주체적으로 판단하여 정보를 생성하거나 비판적으로 분석하는 능력이 부족하다. 이는 다양성을 저해하고 사람을 획일적 방향으로 몰고 갈 위험이 있다. 당연한 지식도 가끔 부정하고, 비판과 수정해 보려는 노력을 게을리해서는 안 된다. 이러한 능동적 사고 습관이 우리와 멀어질수록 행복도 우리 곁에서 점점 멀어지게 된다.

특히 한국에서 흔히 볼 수 있는 현상인데, 부모가 자식에게 특정한 삶을 강요하고 기성세대가 젊은 세대에게 일방적으로 어떤 인생을 훈계하는 모습을 볼 수 있다. 인생을 어느 정도 살아 본 사람은 자기의 경험과 경륜으로 어떤 삶의 모습이 좋다 규정하고 이를 다른 사람에게 강력히 추천한다. 하지만 이는 세대 갈등을 일으키고 결국 나이 든 사람들이 소위 꼰대 소리를 듣는 원인이 된다. 2000년의 진리가 허물어지는 세상에서 50년 남짓 살아 본 사람이 인생을 나 아는 양 자신의 생각을 남에게 강요하는 것은 너무나 독선적이고 편협한 자세이다. 마찬가지로 부모라고 해서 함부로 자식에게 특정 삶을 강요할 수 없다. 자식에게 진정 올바른 삶이 어떤 것인지 아무도 모른다. 다만 우리 모두는 스스로 선택하면서 자신의 삶을 만들어 갈 뿐이다.

과학에서도 절대적 진리가 도전받는 마당에 인문의 세계에서 절대적 진리가 존재하기는 더욱 힘들다. 끊임없이 정답을 추구해 갈 뿐, 온전한 정답을 얻을 수는 없다. 인생의 객관적인 답은 있을 수 없으며 절대 외부로부터 주어질 수도 없다. 어찌 보면 답을 추구해 가는 그 자체가 인생일지도 모른다. 자기의 인생을 남에게 강요하는 것은 무의미한 일이고 소모적 갈등을 조장할 뿐이다.

삶의 목표

사람은 누구나 한번 삶의 궁극적 목적이 무엇인지, 무엇을 위해 사는지 궁금해 하며 그 해답을 찾기 위해 노력한다. 어떻게 사는 것이 올바른 삶이며, 막연히 살아야 한다는 생존의 본능 외에 어떤 가치를 위해 살아가야 한다면 그 가치는 무엇이어야 하는 것인가? 어려운 질문이지만 살면서 피해갈 수 없는 중요한 질문이다.

필자의 경험으로 이야기를 시작해 보자. 대부분의 보통 사람들이 그런 것처럼, 필자도 삼사십 대를 오로지 일과 부를 위해 모든 인생을 바친 것 같다. 그야말로 소크라테스가 말하는 욕구적 인간으로서의 삶을 살았다. 그러나 나이 쉰에 이르러 왠지 인생에 대한 근본적인 물음에 해답을 찾고 싶은 욕구가 강하게 생겼다. 중년의 전환기에 접어들면서 삶을 성찰하고 자신을 관조할 수 있는 여유가 생긴 것이다. 인생의 목적은 무엇이고 어떻게 살아야 하는지 그리고 인간이란 도대체 무엇인지 궁금해서 견딜 수 없었다. 이러한 궁금증을 해소하기 위해 그동안의 회사 생활을 완전히 청산하고 철학과 대학원에 입학했다.

대학원에서 서양 고대 철학을 공부하면서 한편으로는 나의 인생에 대한 질문과 해답을 찾기 위해 노력했다. 인생의 목적은 무엇인가에 대해 고민하던 중 나는 아리스토텔레스를 공부하면서 너무나 기뻐 무릎을 탁 쳤다. 왜냐하면 아리스토텔레스가 인생의 목적에 대해 명확하게 답을 제시하고 있었기 때문이다. 아리스토텔레스는 인생의 궁극적 목적은 에우다이모니아(eudaimonia), 즉 행복이라고 분명하게 규정하고 있었다.

아리스토텔레스에 의하면 행복은 다른 목적을 위한 수단이 되는 것이 아니라, 그 자체로 목적으로만 존재한다는 것이다. 사람은 돈을 인생의 목표로 삼기도 하지만 이는 궁극적 목표가 될 수 없다. 왜냐하면 결국 돈도 행복을 위한 수단으로서 의미를 갖는 것이지 그 자체로 목적이 될 수는 없기 때문이다. 건강도 마찬가지이다. 건강함으로써 열심히 일도 할 수 있고 운동도 할 수 있고 편안함도 가질 수 있을 뿐이다. 그 자체로는 궁극적 목적이 될 수 없다.

아리스토텔레스가 인생의 궁극적 목표는 행복이라고 했을 때, 이 말은 일견 그동안 인간이 제기해 온 어려운 질문을 해결해 주는 현답처럼 보인다. 살면서 행복해지는 것 외에 더 큰 바람이 있을 것 같지 않기 때문이다.

그러나 불행하게도 삶의 궁극적 목표는 행복이라는 아리스토텔레스의 해답으로 삶의 문제가 해결되지 않는다. 왜냐하면 인생의 목표가 행복이라는 말은 맞을 수 있지만, 과연 그 행복은 구체적으로 무엇이며 어떻게 이룰 수 있느냐의 문제가 남기 때문이다. 즉 목표로 설정된 행복을 어떻게 규정할 수 있을 것인가? 목표는 어떤 실질적인 구체성이 있어야 하고, 규정되어졌을 때 현실적으로 이룰 수 있기 때문이다. 그러면 행복을 한 마디로 무엇이라고 규정할 수 있는가? 행복은 개인에 따라 다르고 상황과 시간에 따라 다르기 때문에 규정하기가 매우 애매하다. 똑같은 상황에 처해 있으면서도 어떤 사람은 행복하다 느끼고 어떤 사람은 불행하다 느낀다. 이런 행복의 비규정성 때문에 독일 철학자 칸트는 행복은 인생의 도덕적 목적이 될 수 없다고 주장했다.

하지만 행복을 구체적으로 규정해 보려는 시도는 여러 철학자들을 통해서 이루어졌다. 플라톤에 의하면, 행복은 정의이며 이성이 지배하는 정의로운 영혼으로 규정된다. 즉 정의로운 사람이 행복하고 행복한 사람은 정의로운 사람이라는 것이다. 다른 사람을 죽이거나 속였을 때 과연 편안하면서도 진정성 있는 행복을 누릴 수 있을까? 이런 측면에서 보면 행복을 정의로 규정한 플라톤의 말이 일견 맞는 것 같다. 하지만 현실에서 보면 남에게 해코지하고도 전혀 양심의 가책을 느끼지 않고 행복하게 사는 사람이 있다는 사실로 볼 때 충분히 반론이 제기될 수도 있다. 참고로 이 부분에서 플라톤은 정의를 기반으로 하지 않는 행복은 진정한 행복이 아니라고 주장함으로써 부정의한 행복을 원천적으로 차단하고 있다.

플라톤의 제자인 아리스토텔레스는 행복은 관조(觀照)적 활동이라고 했다. 관조적 활동은 조용한 마음으로 대상의 본질을 바라보는 지적 활동을 의미한다. 쉽게 말하면 한 발짝 물러나서 세상을 조용히 관조하는 것이 행복이라고 아리스토텔레스는 말한다. 예를 들어 보자. 야구장에 가면 수많은 군중이 관중석에 앉아 선수들이 경기하는 장면을 보고 즐긴다. 이때 경기를 관람하는 관중들이 일종의 관조적 활동을 한다고 볼 수 있다. 그들은 경기를 보고 즐긴다. 물론 관중들은 게임의 규칙과 선수들에 대해 잘 알아야 경기를 더 즐겁게 감상할 수 있다. 아리스토텔레스가 말하는 관조적 활동을 좀 더 이해하기 위해 야구장을 세상으로 더 넓게 확대해 보자. 야구 경기장이 세상이고 우리는 세상의 운행과 이치를 관람하고 감상한다고 가정해 보자. 야구를 즐기기 위해 규칙과 선수를 알아야 하듯이 세상의 운행을 잘 감상하기 위해서는 세계가 돌아가는 이치나 원리를 알아야 한다. 그러나 세상의 이치는 야구 규칙처럼 간단하지 않다. 그래서 우리는 세상의 이치와 본질을 파악하기 위해 끊임없이 탐구하고 사유해야 한다. 우리가 사는 이 세상에서 관조적 활동은 이치와 원리를 탐구하는 사고 활동을 의미한다. 아리스토텔레스가 말하는 관조적 활동은 참된 진리를 찾아가는 지적 사고 활동으로 볼 수 있다.

플라톤과 아리스토텔레스 이외에도 행복에 대한 규정을 시도한 여러 학자들이 있다. 스토아 학파는 행복을 아파테이아(apatheia), 즉 무정념(無情念)의 상태를 통해 이룰 수 있다고 주장했다. 또 고대 대표적 쾌락주의인 에피쿠로스 학파는 아포니아(aponia), 즉 무고통(無苦痛)을 통해 흔들림 없는 부동심(不動心)인 아타락시아(ataraxia)에 이르면 행복이 달성된다고 한다. 간단히 표현하면 신체적으로 고통이 없고 마음이 혼란하지 않은 편안한 상태를 행복으로 보는 것이다. 에피쿠로스 학파가 행복을 마음과 더불어 몸의 편안한 상태로 규정한 이유는, 몸이 아프고 괴로우면 누구도 마음의 평정심을 갖기 힘들다고 보기 때문이다. 물론 에피쿠로스 학파가 말하는 궁극적 행복은 흔들림 없는 마음의 평안이다. 마음이 잔잔한 호수처럼 흔들림 없이 고요할 때 인간은 행복을 느낀다고 볼 수 있다. 그러나 무고통을 행복으로 규정하는 에피쿠로스 학파의 주장은 고통을 오히려 기쁨으로 받아들이는 마조히스트(masochist) 같은 반례에 의해 심각한 도전에 직면한다.

쾌락주의는 근대에 와서 공리주의로 발전한다. 공리주의는 쾌락을 행복으로 간주한다. 당연히 쾌락의 양을 극대화하는 것이 행복을 극대화하는 것과 밀접하게 연결되어 있다. 그러나 공리주의에서도 쾌락이 무엇인지에 대한 정의가 명확하지 않다. 밀은 쾌락의 질적 차이를 주장하기도 하지만, 여전히 쾌락이 무엇인지에 대해 논란이 많은 실정이다.

지금까지도 행복이 무엇인지에 대한 명확한 답은 제시되지 못하고 있으며 개인에 따라 행복에 대한 입장은 천차만별이다. 공리주의자인 밀의 주장대로 행복은 자유를 전제로 가능하며, 자유는 다양성을 의미한다고 볼 때 개인에 따라 행복이 다른 것은 어쩌면 당연한 현상일지도 모른다. 다만 밀에게서 행복 추구에 대한 현실적인 힌트를 얻을 수 있을 것 같다. 밀은 그의 자서전에서 행복은 행복을 직접 목표로 해서는 이룰 수 없다고 했다. 즉 우리가 행복하자해서 행복해질 수 없다는 것이다. 우리에게 가끔 행복을 가져다주는 것이 있으면 행복하고 싶어서 또 다시 그것을 추구하게 된다. 하지만 이런 직접적인 추구는 우리에게 진정한 행복을 가져다주지 못한다. 즉 재미나 행복을 준다고 해서 마약, 섹스, 음식, 휴식 등을 계속 욕구하더라도 행복이 똑같이 주어지지는 않는다. 그래서 행복은 직접 목표로 해서는 절대 이루지 못하고 다만 원대한 목표를 세우고 그것을 위해 혼신의 힘을 다할 때 그 과정에서 저절로 얻을 수 있다고 밀은 주장한다. 전력을 다해 성공을 위해 열심히 달려갈 때 그 과정에서 행복은 나도 모르게 찾아오는 것이다. 여기서 특징적인 것은, 행복을 특정하게 규정할 수는 없지만 목표를 설정하고 그것을 위해 노력하는 전제하에서 이룰 수 있는 행복 추구 방법을 제시하고 있다는 점이다. 즉 목표를 향해 전력을 다하는 노력 없이는 행복을 이룰 수 없다고 본다. 밀 역시 '이것이 행복이다'라고 특정하게 규정하지는 못했지만, 행복을 어떻게 이룰 수 있는지에 대한 실천적인 방법을 제시했다는 점에서 큰 의의가 있다.

밀이 말하는 원대한 목표는 쉽게 이룰 수 있는 작은 목표가 아님을 뜻한다. 작은 목표는 목표를 이룬 뒤 찾아오는 권태에 의해 행복이 반감될 수 있기 때문이다. 염세주의 철학자 쇼펜하우어는 인생을 고통과 권태가 번갈아 오는 불행으로 규정한다. 즉 인간은 욕망의 목표를 이루기 위해 고통스런 노력을 하지만, 목표를 이룬 기쁨도 잠시 다시 엄습하는 권태나 지루함에 시달린다. 그래서 권태를 이겨내기 위해 다른 목표를 세우고 이를 이루기 위해 또 다시 고통스런 노력을 경주한다. 이와 같이 인생에는 고통과 권태가 번갈아 이어지기 때문에 인간은 온전한 행복을 이룰 수 없다고 쇼펜하우어는 주장한다. 그래서 가끔 찾아오는 권태를 피하기 위해 밀은 원대한 목표를 세우라고 권고하는 것 같다.

원대한 목표를 위한 인간의 노력을 찬양한 철학자가 또 있었으니, 바로 니체다. 니체는 힘의 의지를 강조하면서 뒤돌아보지 않고 오로지 목표를 바라보고 앞으로만 나아가는 인간의 의지를 찬양했다. 회의와 자비에 주저하지 말고 자신을 고양시키기 위해 앞만 보고 달려가는 인간이 진정한 도덕적 인간이라고 주장한다. 자신의 고양이라는 목표를 위한 인간의 노력을 니체가 찬양한 이유는, 그 과정에서 행복을 맛볼 수 있는 여지가 있기 때문이라고 생각된다.

기술의 빠른 발달에 힘입어 현대 사회는 앞으로 변화 속도가 매우 가파를 것으로 예상된다. 급변하는 사회에서는 과학적 진리와 마찬가지로 인생의 진리도 늘 의심의 대상이 된다. 행복이 무엇인지에 대해서도 스스로에게 늘 질문을 던질 수밖에 없으며, 우리 시대에 맞는 행복 개념을 새롭게 찾아내야 할 과제를 떠안고 있다.

쇼펜하우어(Arthur Schopenhauer, 1788년~1860년)

쇼펜하우어는 세계를 의지와 표상으로 이루어진 것으로 본다. 염세주의 철학자로 알려진 그는 니체 철학에 많은 영향을 주었기 때문에 포스트모더니즘의 선구자로 분류되기도 한다. 쇼펜하우어의 행복론과 인생론은 공감이 가는 내용도 많고 일반인이 읽을 수 있도록 쉽게 쓰였기 때문에 널리 읽혀진다. 국내에는 『쇼펜하우어의 행복론과 인생론』으로 나와 있다.

칸트(Immanuel Kant, 1724년~1804년)

칸트는 독일이 낳은 위대한 관념론 철학자이다. 그는 경험주의 인식과 이성주의 인식의 단점을 극복하고 둘을 모두 수용하여 종합적이고 체계화된 인식론을 정립한다. 그래서 내용 없는 사유는 공허하고 개념 없는 직관은 맹목적이라는 유명한 말을 남긴다.

4장

신의 의미

태곳적부터 신은 항상 인간과 함께 있었다. 늘 우리 곁에 있는 신이지만, 우리는 신을 정확히 규명하거나 증명하지 못하고 있다. 혹자는 신을 허구라고 하며 존재를 부정하기도 한다. 그렇지만 과학과 정보 통신이 발달한 지금도 신은 우리 삶에 지대한 영향을 끼치는 존재이다. 오늘날 우리 곁에는 다양한 신들이 있다. 그러나 그신들의 본질과 의미를 깊이 고민하지 않는다. 그냥 신이기 때문에 믿을 뿐이다. 때로는 신이 본(本)이나 진리로서의 신이 아니고 단순한 우상으로 숭배되는 경향이 있다. 그래서 신의 본질적 개념을 인간과 신의 관계에서 되짚어 볼 필요가 있다. 신은 어떻게 생겨났고, 그 신은 우리에게 무슨 의미를 가지는지 알아보고자 한다. 신은 결코 만물을 창조하거나 인간을 지배하는 존재가 아니라, 궁극적이며 참된 진리의 상징이 그 본질임을 논의해 볼 것이다.

신의 탄생

　신은 인간에게 어떤 의미를 갖는 것일까? 신은 인간이 지구상에 살기 시작하면서 항상 우리 곁에 있었던 것 같다. 인간보다 뛰어난 힘을 가지고 세상의 운행을 지배하는 어떤 존재로서의 신은 나약한 인간이 의지할 대상으로 항상 우리 생각 속에 있었다. 그리고 신의 종류나 형태, 능력은 인간의 종류만큼이나 다양하다. 신은 다양할 뿐만 아니라, 실체가 파악되지 않았고 여전히 상상 속의 존재로 남아 있다. 그런데 명확하게 규정되거나 파악되지도 않은 신이 항상 인간과 함께 존재해 온 이유는 무엇일까? 원시 시대에는 인간의 나약함과 자연에 대한 두려움을 극복하고 이겨내기 위해 신이 필요했다고 추정할 수 있다. 영국의 경험주의 철학자 홉스가 그의 주저인 『리바이어던(Leviathan)』에서 신은 인간의 두려움에서 생겨난 인간의 발명품이라고 주장하는 이유도 이런 맥락이다.

　이러한 두려움의 결과로 생겨난 신의 개념과는 다르게, 인간의 사고가 성숙하면서 신에 대해 좀 더 논리적 인식에 가까운 설명을 시도하게 되었다. 모든 자연 현상 또는 인간의 외부적 · 내부적 현상에 대해 분석이나 설명을 할 수 없었던 인간은 이러한 모든 현상 뒤에 무언가가 있을 것이라고 생각하기 시작했다. 즉 현실에 드러나는 모든 현상들 이면에 보이지 않는 힘이 있다고 믿게 된 것이다. 이러한 힘이나 섭리가 있지 않으면 도저히 현상이나 사건을 설명할 수 없기 때문이다. 그래서 우리가 알지 못하는 힘이나 원리를 종교에서는 신이라고 총칭하게 된 것이다.

　그러나 기술의 발전으로 과거에 있었던 나약함과 두려움 그리고 현상에 대한 무지는 현대에 와서 많이 극복되었다. 그럼에도 불구하고 신을 섬기고 따르는 종교는 여전히 우리 곁에 남아 있다. 오늘날에도 종교가 필요한 이유는 내세에 대한 두려움이 여전히 남아 있기 때문일 것이다. 물리적 나약함이나 두려움은 극복했어도 죽음에 대한 두려움은 남아 있다. 물론 정신적인 위로 역할이 종교가 인간에게 필요한 이유가 될 수 있다. 이제 이러한 일반적인 신의 존재 이유와 의미를 넘어 신과 인간의 관계를 좀 더 적극적이고 능동적인 관점에서 신에 대한 생각의 지평을 확대해 보려고 한다. 이는 신과 인간의 관계뿐만 아니라 신의 탄생과 역할에 대한 해답을 다시 한 번 생각하게 한다.

홉스(Thomas Hobbes, 1588년~1679년)

홉스가 선천적 이성을 부정했다는 점에서 그를 영국 경험론의 선구자로 볼 수 있다. 그는 철학자이기 전에 사회학자이다. 인간은 자연 상태에서 만인에 대한 만인의 투쟁으로 살아가는 자연권을 갖고 있다고 한다. 그러나 이를 방치하면 무정부 상태가 되기 때문에 계약에 의해 국가라는 기구가 필요하며 이를 홉스는 리바이어던(괴물, Leviathan)에 비유했다.

끝으로서의 신

앞의 2장에서 말한 바와 같이 인간은 동물적 무지와 신적 완전함의 중간 존재이다. 왜 인간이 동물과 신의 중간일까? 동물과 인간이 있을 때는 인간이 만물의 영장이고 최고였다. 그런데 신이라는 존재가 인간 위에 새롭게 설정됨으로써 인간은 중간이 되었다. 그러면 인간 위에 또 다른 최고로 존재하는 신은 어떻게 만들어졌는가? 신은 인간의 필요에 의해 인간에 의해 만들어졌다. 처음에는 두려움과 불안을 극복하기 위해 신을 만들고, 나중에는 인간이 닮고 싶은 희망이며 완전함의 본(本)으로 만들어졌다. 불완전함을 극복하고 신적인 완전한 존재가 되고 싶은 것이 인간의 끊임없는 바람이다. 신의 세계에 닿으려는 성경의 바벨탑 사건이나 죽지 않는 영생을 꿈꾼 고대 중국의 진시황 사례는 신을 동경하는 인간의 욕망을 잘 보여 준다.

인간은 항상 동물적인 무지를 기피하고 신적인 완전함을 추구하는 방식으로 자신의 삶을 고양시켜 왔다. 동물적 무지에서 출발하여 신적 완전함에 이르는 긴 여정의 중간에 있는 것이 인간이다. 자신의 삶을 고양시키는 도정(道程)에 있는 인간에게 처음부터 끝까지 긴 과정인 계열(系列)[1]의 마지막에 목표로서의 신이 있다. 목표

---

1 계열은 관련 있는 것들이 사슬처럼 한 갈래로 길게 이어진 계통(系統)을 의미한다. 종종 철학에서는 근거를 찾아가는 긴 과정을 의미한다. 즉 A는 B에 의해 그리고 B는 C에 의해 존재하는 근거를 따져 묻는 과정이다. 또는 본문에서도 설명했듯이 본(本)으로 받쳐진 궁극적인 끝을 추구하는 긴 과정을 의미하기도 한다. 존재 근거를 찾는 계열이든 궁극적 목표인 본에 도달하는 계열이든 중요한 것은 끝이 무엇이냐이다. 우리 인간은 그 끝을 알고 싶은 것이다.

이자 선망의 대상인 신에 대해 우리는 어떻게 말할 수 있을까?

무지에서 완전함에 이르는 계열의 끝에 신이 있다면 목표이자 계열의 끝으로서의 신은 무엇인가? 그렇지만 계열의 끝이 무엇인지 신이 무엇인지 우리는 구체적으로 파악할 수 없다. 다만 한 가지 확실한 것은, 계열의 끝인 신은 기존의 계열과 같은 것이 아니라는 점이다. 왜냐하면 계열의 끝이 계열의 일부라면 그 계열은 끝이 나지 않기 때문이다. 이것은 앞에서 설명했듯이 밧줄의 끝은 밧줄이 아닌 것과 같다. 밧줄의 끝이 밧줄이면 그 밧줄은 계속 이어지고 끝이 나지 않는다. 실제로 밧줄의 끝은 밧줄과 전혀 다른 것이다. 그러므로 중간자로서 인간이 형성해 가는 계열의 끝은 우리 인간과는 완전히 다른 타자(他者)이다.

완전한 타자인 이 끝의 존재가 무엇인지에 대해 다양하게 말해지는 것을 알 수 있다. 기독교는 하나님 또는 예수라 말하고, 불교에서는 부처라고 말한다. 종교뿐만 아니라 학문 분야에서도 계열의 끝이 무엇인지에 대해 주장한 이론이 있다. 대표적으로 플라톤의 '이데아', 스피노자의 '실체', 칸트의 '무제약자' 등이 있으며 현대에 와서 하이데거의 '존재'가 있다.

그러면 인간은 끝에 있는 완전한 타자, 즉 신이라는 목표에 도달할 수 있을까? 인간은 신을 목표로 하고 닮아 가고자 하지만 결코 신이 될 수 없다. 목표에 도달할 수 없는 것이다. 왜냐하면 목표인 끝에 도달하는 즉시 그는 인간이 아니며 전혀 다른 것이 되기 때문이다. 인간인 상태로는 끝에 도달할 수 없다. 인간이 아닌 상태가 되어야 하며, 다시 말해 죽지 않고는 끝에 도달할 수 없다. 인간은 본으로서 신을 지향하지만 결코 그 목표에 도달할 수 없다. 쿠사누

쿠사누스의 직선과 곡선

스는 이를 직선과 곡선으로 비유했다. 즉 원이 직선과 접할 때 원의 지름이 무한히 커지면 직선과 비슷하게 원주가 곧게 보이기도 하지만, 결코 곡선이 직선이 될 수 없는 것과 마찬가지이다. 하이데거의 표현을 빌면, 인간은 존재자의 완전한 타자인 존재에 도달할 수 없다. 다만 인간은 얼핏얼핏 존재에 대해 느낄 뿐이다. 존재에 도달하는 순간 인간으로서 존재자의 생명도 끝난다.

계열의 끝에 있는 하나님이나 부처에 대해 종교에서는 그 형상이나 교리, 뜻 등을 구체적으로 밝히고 있다. 그러나 이는 종교적 차원에 국한된 것이지 논리적 · 학문적 근거는 없다. 그러면 철학자가 주장한 이데아, 실체, 무제약자, 존재 등은 무엇이라 규정되며 우리는 이에 대해 무엇이라 말할 수 있을까? 불행하게도 계열의 끝이 계열이 아닌 것 외에 무엇인지 말할 수 없듯이, 우리는 이것들에 대해 구체적으로 무엇이라고 말할 수 없다. 철학자들이 설명하는 궁극적 목표로서의 끝도 마찬가지로 개념상으로만 표현된 것이며 구체적으로 특징된 것들이 아니다. 다만 이것들은 계열의 끝에 있기 때문에 계열과 같은 것은 절대 아님은 확실하다.

계열의 끝에 있는 이데아, 실체, 무제약자, 존재 등에 대해 다만 두 가지만 말할 수 있다. 한 가지 확실한 것은 이것들은 그 무엇이라고 말할 수 있는 대상이 아니라는 것이다. 즉 내용이나 질적으로 규정할 수 있는 대상이 아니라는 것이다. 왜냐하면 인간이 걷고 있는 계열의 도정은 내용이 있고 규정할 수 있는 세계이지만, 계열의 끝은 이와는 전혀 다른 세계이기 때문이다. 만약 무엇이라고 규정할 수 있으면 이것은 끝이 아니게 되고 다시 계열의 중간이 되며 결국에는 다른 끝이 다시 물어져야 한다.

또 다른 한 가지는 끝에 대해서 우리는 알 수도 없고 그것을 표현할 언어도 갖고 있지 않다는 점이다. 계열의 도정에 있는 인간이 완전한 타자인 계열의 끝에 대해 알 수 없으며 만약 안다고 하더라도 인간의 언어로 완전한 존재인 신을 표현할 수 없다. 하이데거의 표현을 빌면 존재자(存在者)[2]의 언어로 존재를 묘사할 수가 없다는 것이다. 존재자를 넘어선 존재의 세계를 존재자의 언어로 표현하는 것은 불가능하다. 그래서 하이데거는 존재자의 근거인 존재에 대하여 어떤 구체적 묘사를 하지 않는다. 마찬가지로 플라톤도 모든 사물과 현상의 근거인 이데아에 대하여 구체적 표현을 한 적이 없다. 다만 비유적으로 이를 설명하고 있을 뿐이다. 이와 관련해서 앞에서 설명한 동굴의 비유를 참고하면 될 것 같다.

---

2 하이데거의 '존재자'는 세상에 있는 모든 것, 즉 인간과 사물을 의미한다.

쿠사누스(Nicolaus Cusanus, 1401년~1464년)

쿠사누스는 독일 출생의 사제로서 대주교와 추기경을 역임했다. 그는 신을 설명하는데 있어 대립물의 일치라는 독특한 논리를 편다. 직선과 곡선의 비유에서 인간의 곡선은 결코 직선이 될 수 없지만 신의 곡선은 직선과 일치한다는 것이다. 즉 피조물인 인간은 무한을 인식할 수 없기 때문에 대립물의 일치가 불가능하지만, 신은 전지전능하고 무한의 경지에 있는 존재이므로 일치할 수 있다. 다만 인간 중에서 오직 예수 그리스도만이 일치가 가능하다. 왜냐하면 그는 인간이면서 동시에 신이기 때문이다.

근거로서의 신

소크라테스에게 진리는 감각이나 현상에 있지 않고 지성에 있다. 왜냐하면 지식은 근거를 밝히는 것인데 궁극적 근거는 현실 세계에 있지 않기 때문이다. 지성만이 참다운 지식이며 이는 사유나 추리를 통해 얻을 수 있다. 참된 진리의 세계를 소크라테스는 '이데아'라고 부른다. 이데아는 현실 세계에서는 존재할 수 없는 전혀 다른 세계이다. 감각이나 현상의 세계는 가변적인 상상과 억견의 세계인 반면에 이데아의 세계는 변하지 않는 참된 진리의 세계다. 이데아는 이 세상 모든 것을 있게 만드는 궁극적 근거이다.

신으로도 표현되는 완전한 진리의 세계는 지금의 자신을 종식시키는 죽음을 통해서만 도달의 가능성이 열린다. 소크라테스는 끊임없이 진리의 길을 추구했고, 참된 진리의 세계에 들어가는 죽음의 관문을 즐거운 마음으로 통과한 것이다. 진리를 사랑한 소크라테스가 죽음을 기꺼이 받아들인 이유는 이런 측면에서 보면 지극히 당연해 보인다. 소크라테스의 진리는 이데아 세계이며 이는 곧 신의 세계이다. 소크라테스에게 죽음과 진리 그리고 신은 어쩌면 표현만 다를 뿐 동일한 개념일지도 모른다.

모든 것의 원인으로서 신이 있다고 주장하는 또 다른 학자가 바로 스피노자이다. 스피노자에 의하면, 이 세상의 모든 것을 있게끔 만드는 그 무엇이 있는데 그것은 바로 실체라는 것이다. 그는 감각 세계에 존재하는 모든 만물뿐만 아니라 보이지 않는 정신도 모두 실체에 의해 존재한다고 말한다. 실체가 없으면 이 세상은 존재하지 않으며 실체가 바로 모든 것의 존재 근거가 된다.

실체는 존재하기 위해 어떤 다른 것에 전혀 의존하지 않는다. 실체는 자기 원인을 가지며 다른 것과 상관없이 절대적으로 존재한다. 즉 실체는 실체라는 개념을 형성하기 위하여 다른 것의 개념을 필요로 하지도 않는다. 현실 세계의 모든 것은 존재를 위해 다른 것에 의지하지 않을 수 없지만, 실체는 완전히 스스로 존재한다. 실체는 모든 것을 있게끔 하는 존재 근거가 되지만, 자신은 존재를 위해 그 무엇도 필요로 하지 않는다. 스피노자에 의하면, 세상은 실체가 다양한 양태(樣態, mode)로 변용[3]하여 존재하는 것이라고 한다. 표현은 다르지만 궁극적 존재 근거를 스피노자는 실체라고 부른 것 같다.

그러면 스피노자의 실체는 과연 무엇인가? 스피노자에게 실체는 단 하나이며 유일한 것이다. 그것은 바로 자연이며 신이다. 거대한 움직이는 기계, 즉 자연 자체가 바로 신이다. 그래서 스피노자에게 신은 모든 사물에 있어 초월적 존재가 아니라 내재적 원인으로 존재한다. 당연히 스피노자의 신은 세상을 창조한 신이 아니고, 자연 그 자체이다(모든 것을 있게끔 하는 근거의 신과 모든 것을 만든 창조의 신은 전혀 다르다). 스피노자가 말하는 실체인 신은 필연적으로 존재할 수밖에 없다. 왜냐하면 모든 만물은 신의 양태에 불과하기 때문이다. 실체인 신이 없으면 이 세상도 존재할 수 없다.

---

3 변용은 어떤 것이 자극되거나 촉발됨으로써 원래의 상태와 다르게 나타난 것을 의미한다.

신의 죽음

이렇게 존재자의 언어로 표현할 수도 없고 또 구체적으로 규정할 수도 없는 근거의 끝을 우리는 '신'이라고 표현해 왔다. 무엇인지 모르지만 모든 존재자를 초월해 모든 것의 근거가 되는 존재 또는 이데아, 무제약자의 개념에서 이를 통칭하는 개념으로 추상 명사인 신이 사용될 수 있다.

지혜를 사랑하고 현재에 만족할 수 없는 인간은 인간 위에 있는 무언가를 항상 추구해 왔다. 이는 계열의 도정에서 끝을 추구하는 인간의 본모습이다. 그런데 만약 인간이 선망하고 닮아 가고자 하는 끝에 있는 목표가 없어지면 어떻게 될까? 깜깜한 바다 한가운데서 등대 불빛을 잃고 항구를 못 찾는 배의 신세와 마찬가지가 될 것이다. 이 경우 우리는 길을 잃고 방황하게 되며 또한 삶의 의미를 잃게 될 가능성이 크다. 우리가 목표하는 신 또는 존립의 근거로서 신이 없다면 인간의 삶은 허무주의에 빠질지도 모른다.

그런데 "신은 죽었다."라고 말하는 철학자가 있으니 바로 니체다. 신은 죽지 않는 존재인데 어떻게 신은 죽었다고 니체는 말하는가? 니체는 포스트모더니즘 철학의 개척자로서 인간의 디오니소스[4]적 삶을 찬양한 독특한 인물이다. 디오니소스적 삶이란, 자신의 삶을 긍정적으로 보며 자신의 무한한 고양에 희열을 느끼며 낙천적 의지로 살아가는 삶을 말한다.

1844년, 독일에서 목사의 아들로 태어난 니체는 생일이 프로이

4　그리스 신화의 주신(포도주의 신)으로 알려져 있으며 풍요와 기쁨의 신이기도 하다. 일명 바커스(bacchus)라고 불리기도 한다.

센 국왕 프리드리히 빌헬름 4세와 똑같았기 때문에 이름도 프리드리히 빌헬름이라고 지었다. 니체는 어려서부터 몸이 쇠약했으며 평생을 독신으로 살았다. 반이성주의적 성향을 보이는 니체는 세 가지 면에서 근대 이성주의 철학의 거두인 데카르트와 유사한 삶을 살았다. 이 두 사람은 비교적 부유한 집안에서 태어났고, 어려서부터 몸이 쇠약했으며, 평생을 독신으로 살았다.

니체는 목사의 아들로 태어났으나 기독교를 가장 호되게 비판하는 철학자가 된다. 그에 따르면 기존의 전통 규범들은 인간을 약하게 만들 뿐이며 특히 기독교의 겸손, 순종, 용서 등을 미덕으로 봐서는 안 된다고 주장했다.

한편 니체가 나치주의와 반유대주의를 옹호했다는 오해가 있지만 이는 사실과 다르다. 이러한 오해는 니체의 여동생 때문에 생긴 것으로 보인다. 니체의 여동생 엘리자베스 니체는 나치주의자였다. 그녀는 니체가 죽은 후 니체의 메모를 의도적으로 왜곡하고 니체의 이름으로 책을 발간해 니체의 명성을 부당하게 이용했다. 그러므로 나치 옹호설은 니체와 직접적으로 관련이 없으며 니체의 사상과도 일치하지 않는다. 공동체 도덕을 천박한 것으로 여겼던 니체는 오히려 국가주의와 민족주의를 혐오했다. 나치와 반유대주의가 국가주의 또는 민족주의의 극단적인 형태라고 볼 때, 나치 옹호는 니체 사상과 양립할 수 없음을 알 수 있다. 니체가 공동체 규범이나 민주주의 정체를 비판한 것은 민주주의가 가진 어두운 측면인 어리석은 민중에 의한 정치를 지적한 것이라고 생각된다.

죽기 전 10년 동안 정신 분열증으로 시달리던 니체는 데카르트와 마찬가지로 비교적 젊은 나이인 오십 중반에 세상을 떠났다. 이

때 그의 나이 56세였으나 제정신으로 산 나이는 46세에 불과했다.

니체는 신을 만든 것이 인간이므로 신을 죽이는 것도 인간이 할 수 있다고 말한다. 신이 죽고 없어지면 어떻게 될까? 우리가 목표하고 동경하는 대상으로서 신이 죽으면 남는 것은 허무뿐이다. 목표가 사라져 버린 인간에게 어디를 향해 가야 하는지 알 수 없는 방황만 있을 뿐이다. 목표가 없는 세상에서 진보와 퇴보, 상승과 하강, 선과 악의 척도도 사라진다. 방황하는 인간에게 등불이 필요할지도 모른다.

인간이 본으로 삼고 그렇게 되고자 하는 동경의 대상으로서 신은 계열의 끝에 있는 신이다. 플라톤은 아름다운 인간의 보임새(eidos)인 이데아를 본받아 순수하게 아름다운 인간이 될 수 있다고 했다. 철학자가 만든 이데아를 본으로 해서 실재 인간을 더 아름답게 스스로 만들어 갈 수 있는 것이다. 신은 계열의 끝을 향하는 인간이 가능적 자기의 한계 개념으로 사유해 낸 자신의 타자이다. 인간이 살기 위해 인간이 만들어 낸 신, 삶의 본으로 바쳐져 있는 신이 과연 죽을 수 있을까? 인간이 살아 있는 한 이 끝으로서의 신, 본으로서의 신은 죽지 않을 것이다. 그런데 니체는 신은 죽었다고 말한다. 도대체 어떤 신이 죽었다는 것일까? 신의 죽음과 새로운 신의 설정에 관련하여 김창래 교수의 글 〈철학의 욕망5〉을 참조하여 니체의 주장을 해석해 보자.

지금의 신은 끝으로서의 신이 아니라 시작으로서의 신으로 작용하는 경우가 있다. 즉 이념적으로 사유된 세계의 끝에 있는 신이 아

---

5 《철학연구》 제41집(고려대학교 철학연구소, 2010. 11)

니라, 현실에 있는 만물을 만든 신으로 둔갑한 것이다. 신은 세계에 있는 만물의 시작이라는 독단적 주장이 등장하고 이른바 시작으로서의 신이 등장하게 된다.

하이데거에 의하면, 계열의 끝에는 생성하는 것(존재자)의 절대적 타자로서 존재가 있다고 한다. 이 존재에 대해서 우리는 알 수도 없고 표현할 수도 없다고 했다. 다만 이 존재는 생성 소멸을 부정하는 최종 근거로서 사유(思惟)물이므로 그 유일한 규정성은 '생성하지 않음'이다. 이 생성하지 않음이라는 규정성만 갖고 있는 끝의 존재가 모든 것을 생성했다는 시작의 존재로 등장한다. 창조된 모든 것을 창조했으면서 스스로는 창조되지 않은 신이 등장한 것이다.

인간이 목표로 하고 본으로 바쳐진 끝으로서의 신이 모든 것을 만든 시작의 신으로 돌변한 것이다. 우리를 있게끔 역사하신 신은 단순한 선망의 대상이고 목표가 아니다. 인간 존재의 의의는 고스란히 신에게 돌려져 있다. 이제는 우리를 창조한 신을 숭배하는 일만 남았다. 시작의 신은 조물주가 되고, 피조물인 인간은 신의 뜻에 따라 살아야 한다. 신의 뜻은 신성한 것이며 이를 지키지 않으면 피조물로서의 임무를 다하지 않는 것이 된다. 이는 신이 인간을 규제하기 시작한 것을 의미한다. 인간이 만든 신이 거꾸로 인간을 만든 신이 되고, 지배하는 신이 된 것이다. 인간이 만든 우상이 인간을 만든 우상으로 뒤바뀌게 된다. 그래서 니체는 이 시작으로서의 신은 죽었다라고 말하며 인간을 만든 우상을 망치로 내려쳤던 것이다. 즉 니체가 신의 죽음을 외쳤을 때 그 신은 본으로서의 신이 아니라, 창조주로서의 신을 의미한다.

니체는 창조주로서의 신, 즉 유일신의 죽음을 외쳤다. 그러나 니체는 유일신의 죽음만을 외치고 아무것도 하지 않은 것이 아니다. 신이 죽은 후에 나타나는 허무주의를 극복하기 위해 무엇을 해야 하는가? 니체는 신이 죽은 자리에 새로운 신을 세워야 한다고 주장한다.

니체는 신이 죽은 후에 나타나는 허무주의 상태를 극복하기 위해 또 다른 새로운 본으로서의 신을 각자가 만들어야 한다고 주장했다. 각자가 신을 만들기 때문에 그 신들은 다양할 수밖에 없다. 각 신들은 서로 다르지만, 당사자 개인에게는 최고의 신이고 가장 본받을 만한 위대한 신이다. 그러므로 참이라고 간주되는 여러 신들이 존재할 수 있다. 니체는 이런 각자의 신을 위버멘쉬(Über-mensch, 초인)라고 불렀다. 자신의 높임과 형성의 본을 갖길 원한 인간들이 직접 창조해서 스스로에게 준 많은 새로운 신들이 바로 위버멘쉬이다. 이는 각자가 자신의 삶과 미래에 대한 해답을 자신의 관점에서 내놓을 수밖에 없다는 것이다. 이를 위해 자기의 삶에 대해 자기가 책임을 지며 자기 스스로 삶을 선택하고 삶을 고양시키기 위해 스스로 힘을 길러야 한다. 스스로 만든 신인 위버멘쉬는 다양한 삶을 추구한다. 각자의 가치관과 힘에 따라 위버멘쉬를 설정하기 때문이다. 이는 획일적 규제와 통제를 표방하는 유일신과는 근본적으로 다르다. 유일신이 죽은 후 인간의 삶은 과거와는 전혀 다른 삶이 된다. 그래서 인간의 삶의 문제는 인간을 규제하는 창조의 신이 아니라, 각 개인의 선택과 결단의 차원으로 이관된다.

각자에 의해 만들어진 위버멘쉬도 계열의 끝과 마찬가지로 완전한 타자이다. 닮고 싶은 본으로 바쳐진 신은 인간이 아무리 노력해도 달성될 수 없는 목표이다. 실질적으로 달성이 불가능함에도 불구하고 자기를 고양시키고 완전함에 다가가기 위해 인간은 끊임없이 노력한다. 그러므로 인간에게는 아무리 높아져도 더 높아질 곳이 있다. 즉 아무리 높아져도 자신 위에 아무것도 없을 정도로 높아질 수는 없다. 이런 사실을 망각하고 인간이 오만함에 젖어 이제 더이상 올라갈 곳이 없다고 생각하는 사람이 있다. 자신 위에 아무것도 없을 정도로 자기가 높다고 생각하는 사람은 더 이상 자기를 함양하고 높이려고 노력하지 않는다. 니체는 이런 사람을 '마지막 인간(last man)'이라 칭하며 가장 쓸모없는 최악의 인간이며 인간이기를 포기한 사람으로 경멸했다. 가장 높아졌다고 믿을 때에도 그의 머리 위에는 여전히 춤추는 별 하나가 더 있다.

그러므로 시작으로서의 신을 신봉하고 그 신의 지배와 규제에 인간을 맡기는 것은 인간을 나약하게 만들 뿐이다. 인간은 자신의 본성을 회복하고 강한 힘의 의지로 삶을 살아가야 한다. 자신의 하늘에 위버멘쉬라는 별을 설정하고, 그 별을 향해 끝없이 형성하고 정진하는 인간이 되는 길만이 나약함을 극복할 수 있다. 이것이 바로 니체가 말하는 디오니소스적 삶이다.

니체(Friedrich Wilhelm Nietzsche, 1844년~1900년)

니체는 기존의 질서를 파괴하는 급진적 철학자이다. 『짜라투스트라는 이렇게 말했다』에서 보듯이 그의 철학은 문학과 어우러져 있다. 그래서 표현이 어렵고 암시적이다. 그러나 내용은 가히 혁명적이다. 전통 질서에 온몸으로 저항했던 천재 철학자 니체는 말년에 극심한 정신적 고통과 우울증에 시달려야 했다.

인간과 신의 소통

앞에서 말했듯이 계열의 끝이며 궁극적 목표인 그 무엇을 우리는 정확히 묘사하거나 표현할 수 없다. 다만 비유나 용어를 통해서 상징적으로 나타낼 수 있을 뿐이다. 끝이며 본으로 상징되는 신은 인간이 본받을 대상이며 목표이다. 본으로 받쳐진 신을 우리는 동경하고 지향한다. 하지만 기독교의 신은 다르다. 창조되어진 인간 즉 피조물은 창조주의 뜻에 따라 살아야 한다고 말한다. 스스로 본으로 떠받혀진 신이 아니라 일방적으로 명령하고 지배하는 신이 된 것이다. 과연 구체성과 규명성이 없으며 인간의 언어로 표현할 수 없는 신이 인간에게 어떻게 의사를 전달할 수 있는가? 신의 뜻을 인간이 어떻게 알 수 있는지 궁금하다.

그런데 기독교에서는 계열의 끝인 신과 인간의 소통을 말한다. 완전한 타자인 신에 대해 정확히 이해하고 이를 말씀으로 전파하는 것이 과연 가능할까? 모든 권력을 독점하고 기독교 지배 체제를 누렸던 중세에 하나님의 말씀을 전하는 성직자들에게는 신과 소통하는 신성함이 있었다. 나아가 대중을 설득하기 위해 말씀의 독점적 전파에 대한 논리적 근거가 필요했다. 즉 인간인 성직자가 어떻게 완전한 타자인 신의 말씀을 이해하고 신의 뜻을 파악할 수 있는가에 대한 의문이다. 신에 대해서는 고르기아스(Gorgias)의 존재에 대한 세 가지 불가지론이 그대로 적용될 수 있다. 고르기아스에 따르면 첫째, 아무것도 존재하지 않는다. 둘째, 존재하더라도 알 수 없다. 셋째, 알 수 있다 하더라도 전달할 수 없다고 한다. 이와 같은 불가지론을 신에 대해 그대로 적용해 보면 다음과 같다. 신은 존재하지 않는다. 존재하더라도 신의 존재를 알 수 없다. 신의 존재를 알더라도 신의 말을 듣고 전달할 수 없다.

이 부분에 대해 중세 교회가 낳은 위대한 철학자이자 사상가인 아우구스티누스는 말의 비유를 통하여 인간이 신의 존재를 알고 신의 말을 이해할 수 있음을 나름의 논리로 설명하고 있는데, 매우 흥미로운 해명이다. 인간이 하나님을 이해하고 접촉할 수 있다는 사실을 인간의 논리로 설명하기는 매우 어렵다. 이에 대해 기독교에서는 당연히 하나님의 말씀은 그의 아들 성자 예수 그리스도를 통해 인간에게 전해진다고 주장할 수밖에 없을 것 같다. 즉 성자 예수의 말씀이 곧 하나님의 말씀이라는 것이다. 그래서 기독교에서는 성부, 성자, 성령의 삼위일체를 주장한다. 여기서 성부와 성자의 관계를 어떻게 설정할 것인지가 문제다. 절대자인 하나님에게 아들이 존재함으로써 또 다른 절대자가 생기는 것을 어떻게 타당하게 설명할 수 있는가? 왜냐하면 전지전능한 절대자가 둘이 존재하는 것은 논리적으로 성립하지 않기 때문이다. 이런 어려운 문제를 성인 아우구스티누스가 설명하는 방식은 매우 흥미롭다.

아우구스티누스가 성부와 성자의 관계를 이야기하는 방식은 말의 유비(類比)를 통해서 이루어진다. 아우구스티누스에 의하면 신의 말은 내적(內的)인 말과 외적(外的)인 말이 있다. 내적인 말은 신의 뜻이 그대로 소리 내어 말하듯이 발화(發話)된 것이고, 외적인 말은 내적인 말이 발화된 것이다. 이런 내적인 말과 외적인 말의 관계를 통하여 성부와 성자의 관계를 유추해 볼 수 있다고 아우구스티누스는 말한다. 인간이 신의 세계를 알기 어렵기 때문에 그는 이런 유비를 통해 설명하는 것이다.

인간의 인식 능력으로는 성부인 하나님을 직접적으로 알 수 없다. 오직 육화(肉化)된 성부인 성자를 통해서만 짐작할 수 있다. 마찬가지로 신의 뜻이 발화된 내적인 말은 인간에게 직접적으로 알려지지 않는다. 다만 그것은 내적 말이 음성화 혹은 문자화되어 표현된 외적인 말을 통해 간접적으로 인간에게 알려질 수 있다.

여기서 주의할 것은 외적 말이 내적 말 자체는 아니지만, 내적 말이 외적 말로 표현되는 한에서 내적 말을 대행할 수 있다는 점이다. 그러므로 외적 말은 내적 말로부터 구분될 수 없다. 즉 양자간에는 재현(再現)적 동일성(同一性)이 성립한다. 양자는 구분되어지는 듯하지만 실제로 구분될 수 없다. 귀에 들리지도 않고 이해되어질 수도 없는 내적 말이 이해되기 위해서는 이해되어질 수 있는 형태가되어야 한다. 즉 음성화 또는 문자화를 통해 이해될 수 있는 외적 말이 되어야 하는 것이다. 이와 같이 내적 말은 외적 말을 통해 인간에게 이해되어진다.

내적 말과 외적 말의 이런 관계가 성부와 성자의 관계에도 적용된다. 성부 그 자체로는 비감성적인 신이기 때문에 감성적인 인간에게는 직접 이해될 수 없다. 신이 이해되려면 성부 스스로가 이해되어질 수 있는 형상으로, 즉 육화된 신인 성자의 형상으로 정립될수밖에 없다. 즉 성부의 내적 말이 성자라는 외적 말을 통하여 인간에게 이해되어진다. 이로써 인간은 성자 그리스도를 매개로 하여 신과 관계를 맺게 된다. 그러므로 우리가 전혀 알 수 없는 신은 아우구스티누스 덕분에 인간에게 이해될 수 있는 신이 된다.

인간과 신이 소통할 수 있음을 증명해 보이려는 아우구스티누스의 노력이 눈물겨울 정도이다. 신에 대해서 논리적 · 학문적 접근을 가능하게 한 기발하고 대단한 이론이 아닐 수 없다. 중세 교회의 위상을 공고히 하는 데 크게 기여한 아우구스티누스의 주장은 오늘날에도 교회의 발전에 크게 기여하고 있다. 대부분 기독교 신자들은 인간이 신과 당연히 소통할 수 있다고 믿는다.

그럼에도 불구하고 아우구스티누스는 성부와 성자의 관계를 말의 유비를 통해서만 설명하고 있지, 직접적으로 성자가 어떻게 성부와 동일성을 가질 수 있는지 설명하지 못하고 있다. 또 그리스도 이전의 말씀인 구약 성서는 육화된 성자 없이 어떻게 인간에게 이해될 수 있었는지 설명하지 못하고 있다.

사실 신에 대해서 논리적·학문적 규명을 시도하는 것은 거의 불가능하다. 왜냐하면 신은 감각 세계의 우리 인간이 이해할 수 없는 완전히 다른 세계이기 때문이다. 원래 인간이 지향하는 궁극적 목표이며 본으로서의 신은 인간과 상호 소통할 필요는 없다. 어차피 신은 인간이 만든 것이고, 인간이 추구하고 본받고자 하는 본으로서 그 역할은 충분하기 때문이다. 인간이 스스로 떠받쳐 만든 신은 인간에게 명령하거나 말씀을 내리지 않는다. 설령 그 명령이나 말씀이 있다 하더라도 그것 역시 인간이 만든 것에 불과하다.

그러나 기독교는 신과 인간의 소통을 전제로 하는 교리에 의해 지배되는 종교이다. 그런 의미에서 아우구스티누스의 이론은 옳고 그름을 떠나 그 자체로 가치가 있으며 여기서 굳이 검증할 필요는 없다. 왜냐하면 이러한 신에 대한 규명의 어려움과 상관없이 기독교는 이미 우리 사회에 지대한 영향을 미치고 있기 때문이다. 사실 학문적 규명 여부와 종교는 관계가 없는지도 모른다.

중세에 교회의 과도한 권력 행사나 오늘날 교회의 재물 탐욕이나 비정상적인 운영 실태 등으로 기독교가 비난을 받기도 하지만, 기독교는 우리 사회에 순기능 역할을 훌륭히 수행한 측면이 없지 않다. 사람들에게 돈독한 믿음을 갖게 하여 마음의 위로를 주고, 한편으로 사회가 혼란한 시기에 사회 정의에 크게 기여하기도 했다. 철학이 인간의 본능이듯이 종교도 인간과 분리할 수 없는 본성적 측면이 있는지도 모른다.

그러나 종교, 특히 기독교의 최대 단점은 신 중심의 세계관이다. 종교이기 때문에 불가피한 측면이 있지만, 신 중심의 세계관은 당연히 인간에 대한 연구를 소홀히 하는 경향으로 흐르게 마련이다. 신의 말씀을 따르는 것으로 인간의 모든 임무를 다했다고 간주하는 종교인을 종종 볼 수 있다. 절대자인 신에게 의지함으로써 인간으로서 할 도리는 더 이상 없다 생각하고 철학적 고민이나 인간에 대한 성찰을 하지 않는다. 인생이 무엇이고 인간이 무엇인지 더 이상 알려고 하지 않는다. 어쩌면 이런 모습이 니체가 가장 경멸했던 최악의 마지막 인간일지도 모른다. 자신의 무지함을 자각하지 못하고 더 이상 알기를 포기한 사람이다. 자기 스스로를 고양하기 위해 노력하지 않는 사람은 머리 위에 항상 별이 하나 더 있다는 것을 모르는 사람이다. 너무나 쉽게 절대자에게 귀의하고 자기를 맡기는 행위는 니체가 지적하는 인간의 나약한 모습이라 할 수 있다. 신에 의지함으로써 모든 문제를 해결하고 만족해하는 인간이기 보다는 항상 고민하고 사색하는 불완전한 모습이 우리의 참모습일지도 모른다. 그러므로 인간에 대한 탐구를 등한시하고 인간 본연의 모습을 잃어가는 경향이 우리가 경계해야 할 종교의 단점이다.

아우구스티누스(Aurelius Augustinus, 354년~430년)

아우구스티누스는 기독교를 논란에서 구해낸 성인으로 추앙받는 인물이다. 신과 신의 아들인 예수, 그리고 성령의 삼자 관계를 어떻게 수긍이 가도록 잘 설명할 것 인가가 항상 문제였다. 아우구스티누스는 오리게네스, 아리우스, 펠라기우스 등으로 이어져온 논란과 이단을 설득력 있는 논리로 제압하고 기독교의 확장에 크게 기여했다.

내세와 현실 세계

신에 대해 얘기할 때 늘 제기되는 질문이 있다. 과연 내세(來世) 즉 사후 세계가 존재하는 것인가이다. 물론 대부분의 종교인들은 내세가 있다고 믿는다. 신에 대한 믿음과 교리에 대한 복종은 어쩌면 내세에 대한 확신에서 그 힘이 생길 수 있다. 현세에서 행한 업적에 따라 사후 세계가 천당이나 지옥으로 갈릴 수 있음은 우리 인간에게 상당한 도덕적 압력으로 작용한다. 그러면 현세 다음에 내세가 존재하며 현세의 삶의 내용에 따라 내세의 모습이 결정된다고 믿어야 하는 것인가?

이에 대해 어느 누구도 정확하고 확정적으로 답을 해 줄 수 없다. 왜냐하면 누구도 죽음이나 내세를 경험해 보지 못했기 때문이다. 우리는 죽음을 경험할 수 없다. 왜냐하면 죽음은 죽음을 경험한 사람을 죽여 버리기 때문이다. 또한 우리는 내세를 경험할 수 없다. 왜냐하면 내세는 현세와는 완전히 다른 타자의 세계이고, 내세는 죽음을 통하지 않고는 들어갈 수 없기 때문이다.

그러나 우리는 지금까지 전개한 참된 진리에 대한 설명에서 내세의 존재 여부에 대해 합리적으로 추측해 볼 수 있다. 앞서 설명한 바와 같이, 현실에 있는 모든 것은 그 존재 근거를 필요로 한다. 그러나 존재 근거는 현실의 물질이나 현상이 아니어야 한다. 왜냐하면 존재 근거를 물질에서 찾는다면 그 다음 근거가 또 물어지게 되어 존재 물음의 고리를 종식시킬 수 없기 때문이다. 그래서 궁극적 존재 근거는 현실과 전혀 다른 완전한 타자가 될 수밖에 없다. 즉 만물의 존재 근거가 되는 참된 진리의 세계가 존재할 수밖에 없으며, 이는 현실 세계와는 전혀 다르기 때문에 내세라고 부를 수 있을 것이다.

우리는 내세가 구체적으로 무엇이며 어떤 식으로 존재하는지 알 수 없다. 설사 안다 하더라도 인간의 언어로 묘사할 수 없다. 앞에서도 궁극적 근거로서의 존재에 대해 어떤 규정도 할 수 없음을 누차 설명하였다. 다만 우리는 신이라는 추상 명사를 대신하여 사용하곤 한다. 그러나 어떤 모습의 세계인지는 모르지만 내세는 존재할 수밖에 없다. 존재 근거로서의 내세가 존재하지 않으면 이 세상도 존재하지 않기 때문이다. (이와 같은 견해는 실재론을 지지하는 입장이다. 이 부분에 대해서는 '유명론과 실재론'(53~54쪽)을 참고하기 바란다.)

한편 현세의 삶의 내용에 따라 내세의 모습도 달라진다는 믿음을 우리는 어떻게 봐야 할까? 현세에서 올바르게 살면 죽어서 천당을 가고, 나쁜 짓을 많이 하면 지옥 간다는 믿음이 있다. 이는 지금의 삶을 올바르게 살도록 독려하는 사회적 순기능이 있어 사실 여부를 떠나 모두들 인정하려는 분위기가 강하다. 그렇지만 이에 대해 논리적으로 접근해 보면 전혀 다른 결과가 나타난다.

결론적으로 말해 궁극적 존재 근거로서 내세가 존재한다면 현실 세계의 어떤 업적이나 행위도 내세에 영향을 미칠 수 없다. 왜냐하면 근거에서 생겨난 어떤 것이 다시 근거에 영향을 미친다면 그 근거는 궁극적 근거가 절대 될 수 없기 때문이다. 궁극적 근거는 그 어떤 것으로부터도 영향을 받거나 그 어떤 자신의 존재 근거도 필요로 하지 않는다. 동굴의 비유에서 그림자는 원상(原象)인 사람에게 영향을 미칠 수 없는 것과 마찬가지이다. 그림자는 단지 사람에 의해, 사람에 근거해서 만들어진 모상(模像)에 불과하기 때문이다. 그러므로 내세가 현세의 존재 근거로 작용하는 한, 현세의 어떤 행위나 업적도 내세에 영향을 미칠 수 없다. 사후 세계의 천당이나 지옥은 논리적으로 성립하기 힘들며, 이는 단순히 인간을 계도하기 위한 종교적 설정에 기인한 것으로 짐작된다.

살아가는 동안 인간이 필연적으로 부딪힐 수밖에 없는 실존적 사유를 종교를 통하여 회피하려는 종교인들이 많다. 오히려 실존적 삶에 정면으로 맞서고 치열한 삶의 투쟁에 적극적으로 임하는 것이 하나님이 만든 인간 본연의 모습이 아닐까 생각한다. 기독교는 인간을 나약하게 만드는 종교라고 니체가 비판한 것도 인간 본연의 모습을 왜곡하고 억제하는 기독교를 두고 한 말일 것이다. 진리를 사랑하고 추구하는 인간에게 신도 언제든지 의심의 대상이 될 수 있음을 인정해야 할 것 같다.

우리에게 필요한 신

우리는 앞에서 근거로서의 내세는 존재할 수 있다고 했다. 그러므로 내세로 부르든 영혼의 세계로 부르든 어떤 식으로든 간에 현실 세계와는 다른 또 하나의 세계가 존재한다고 예상해 볼 수 있다. 또 현실 세계가 억견과 비(非)진리의 세계라면 이와 대비되는 참된 진리의 세계가 존재할 가능성도 있다. 이처럼 현실 세계와 전혀 다른 세계를 우리는 상징적 의미로 신이라고 부른다. 그래서 우리는 신을 참된 세계이며 모든 것을 있게 하는 근거의 세계로 인정한다.

그 외에 신은 끝이나 본으로도 불리며 죽음과도 매우 가까운 것으로 애기된다.

평소 신에 대한 경건함을 잃지 않았던 소크라테스는 죽어서 참된 진리인 이데아의 세계로 떠났다. 소크라테스의 생각과 지식의 영역에서는 신, 죽음, 참된 세계 등이 모두 하나로 통일되어 있다. 그런데 소크라테스처럼 신을 참된 진리의 세계로 인정하게 되면 우리의 삶에 어떤 변화가 올까? 신을 두려움이나 신봉의 대상이 아니라 모두가 되고 싶은 궁극적 목표로 설정하면 현재 삶의 모습은 상당히 달라질 것 같다. 현실의 세계를 넘어서 진리의 세계가 있음을 인정하게 되면 우리의 삶의 태도는 훨씬 겸손하고 성실해질 수밖에 없을 것이다. 왜냐하면 우리가 알고 있는 것이 진리가 아닐 수 있으므로 오만해질 수 없고 대신에 참된 진리를 위해 열심히 노력하는 길만이 최선이기 때문이다. 지금 우리가 알고 있는 것이 절대 전부가 아님을 알게 된다. 결국 억견 세계의 삶은 참된 세계를 동경하며 열심히 노력하는 자세가 본질이며 최선의 방법이다. 인간의 노력은 생각이며 진리를 향한 사고 활동이다. 그러므로 생각하고 노력하는 것이 인간 본연의 모습이며, 생각 없고 노력하지 않는 사람은 당연히 제대로 된 사람이 아니다. 진리를 위해 전력을 다하는 사람에게는 행복도 주어진다고 밀이 말한 바 있다. 그래서 소크라테스는 참된 세계인 신을 동경하며 지식을 위해 노력하는 삶을 살았다. 그는 지식을 전파하면서 항상 낙천적이었으며 진리 이외의 것에 흔들리지 않았다. 또 신의 세계에 들어서는 관문인 죽음을 결코 두려워하지 않는 의연함을 보였다.

인간이 추구하고 동경하는 모든 것을 상징적으로 표현한 것이 신이다. 그러므로 신은 인간을 가장 인간답게 만드는 역할을 하며 인간에게 삶의 의미를 부여한다. 신 자신을 닮을 수 있도록 인간에게 동기를 부여하는 것이다. 참된 진리인 신에 다가갈 수 있도록 인간의 끊임없는 노력과 동경을 유발한다. 물론 이런 노력에도 불구하고 인간이 완전한 신의 세계에 도달할 수는 없다. 그래서 인간은 자신의 나약함을 되뇌며 실존적으로 살아간다.

그러므로 가장 인간다운 모습은 실존적으로 살아가는 삶이며 진리에 다가가는 철학하는 삶이다. 물질의 풍요속에 생각의 빈곤으로 고통받는 현대인에게 철학하는 삶은 훌륭한 치유책이 될 수 있을지도 모른다.

나가는 글

늦깎이 철학 공부를 하기로 결심한 후 어느 대학을 갈 것인가 고민되었다. 하지만 그 고민은 오래가지 않았다. 왜냐하면 의외로 철학과가 없는 대학이 많아 나의 선택지가 적었기 때문이다. 지금까지 철학은 모든 학문의 기초로서 대학에는 반드시 철학과가 있다고 알았는데 상당히 의외였다. 우리 사회에 철학의 빈약함이 대학에까지 만연해 있음을 느끼는 순간이었다. 결국 집에서 가깝고 서양 철학의 교수진이 두터운 대학을 택했다.

고도화된 정보 기술 사회로 접어들면서 벤처 기업 관련 학과가 대학에 많이 신설되었다. 산업계의 요구에 맞는 인재를 길러내기 위해 당연히 받아들여야 하는 변화라고 생각한다. 하지만 이 변화가 장기적으로 올바른 방향인지에 대해서는 의문이 든다. 사실 경제와 직접 관련 없는 철학은 뒤편으로 밀려나거나 심지어 철학과를 폐쇄하는 대학들도 생겨났다. 사회에 필요한 인재를 길러내는 대학으로서는 어쩔 수 없는 선택이라고 하지만 매우 우려되는 측면이 없지 않다.

대학이 사회에 필요한 인재를 배출하는 것도 중요하지만, 한편으로는 사회의 나아갈 방향에 대하여 길을 제시하고 선도하는 역할도 해야 한다. 지금까지 대학은 사회적 가치의 마지막 보루이자 선구자 역할을 해 온 것이 사실이다. 이를 위해 대학은 시대적 조류에 피동적으로 휩쓸려 갈 것이 아니라, 올바른 가치와 참된 진리를 위해 능동적으로 시대를 선도해야 한다. 요즘 돈이 안되는 학과라고 해서 인문학 특히 철학과를 없애는 경향이 많은데 이는 옳지 않다. 대학이 철학을 하지 않으면 그 사회는 심각한 생각의 빈곤에 빠지고 결국 불행해진다. 소크라테스가 우려하는 철학의 빈곤이 대학에서부터 시작되는 것이다. 철학이 없는 대학은 대학이 아니라 직업 훈련소가 된다.

그런데 정말로 철학적 사고가 현대의 첨단 경제 사회에 전혀 도움이 안되는 것인가? 그렇지 않다. 과거에도 보았듯이 철학이 없는 장사꾼은 결국 천박하고 이기적이며 반사회적으로 흐르기 쉽다. 철학적 생각을 기반으로 하는 인간에 대한 깊은 이해가 없을 때 인간의 경제 활동이 궁극적으로 우리 모든 구성원에게 도움이 되기 힘들다. 최근 일부 돈을 많이 번 사업가가 직원과 거래처에 심한 갑질을 해서 구설수에 오른 적이 있다. 이런 사업가는 돈의 힘만 믿을 뿐 겸손이나 사명감은 찾아 볼 수 없다. 이 모든 것이 생각의 빈곤에서 발생하는 부작용이다.

철학은 기본적으로 인간에 대한 이해를 바탕으로 한다. 우리가 우리 자신을 알아야 정의롭고 더불어 사는 사회를 만들 수 있다. 그러므로 철학이 있는 국가나 사회가 행복하고 존경을 받는다. 철학이 풍요로운 대표적 국가로 프랑스를 들 수 있다. 프랑스는 많은 철학자를 배출했고 지금도 국민들이 철학에 관심이 매우 높다. 그래서 프랑스는 철학적 사고를 기반으로 새로운 제도와 문화를 시도해볼 수 있는 역량을 갖추고 있다. 국가 경제 규모는 6~7위에 불과하지만, 미국도 프랑스를 함부로 대하지 못한다. 미국은 프랑스에 대해 문화적·철학적 열등감을 갖고 있기 때문이다. 과거 한국에서 한때 유식한 척 하려면 영어를 쓰곤 했는데, 미국에서는 배운 티를 내려면 프랑스어를 쓰곤 했다고 한다. 대학에서 들뢰즈와 가타리가 지은 『철학이란 무엇인가』라는 책을 강독한 적이 있다. 철학을 전공한 필자에게도 매우 어려운 책이었다. 그런데 그 책이 출간되었을 때 프랑스에서 인기 높은 베스트 셀러였다고 한다. 프랑스 국민들의 생각 수준이 이렇게 높다니 놀라운 일이 아닐 수 없다.

유명 벤처 기업가나 투자자 중에서도 철학을 전공했거나 철학에 깊이 심취했던 사람들이 많다. 애플 창업자이자 창의와 혁신의 아이콘으로 불리는 스티브 잡스는 대학에서 철학을 전공했고 특히 불교 철학에 깊은 관심을 가졌다고 한다. 유명 투자자 피터 틸, 조지 소로스, 짐 로저스 등도 철학을 전공했거나 한때 철학에 심취했던 성공한 인물들이다. 휴렛팩커드의 여성 경영자인 칼리 피오리나도 대학에서 철학과 역사를 전공한 인물이다. 또 페이스북의 창업자 마크 주커버그도 그리스 고전문학에 심취했던 것으로 볼 때 특별히 철학에 관심이 많았던 것으로 보인다. 한국에도 한류 돌풍을 일으키고 있는 아이돌 그룹 BTS의 빅히트엔터테인먼트 방시혁 대표가 철학(미학)을 전공했다. BTS 노래가 전 세계적인 인기를 끌고 있는 이유 중에 하나가 가사에 생각하는 메시지를 담고 있기 때문이라고 한다. 이러한 노랫말의 철학적 메시지와 호소력은 방 대표의 철학과 무관하지 않은 것으로 보인다.

인간이 기술을 발전시키고 물질을 풍요롭게 하는 이유는 결국 행복을 얻기 위한 것이다. 하지만 문제는 기술과 물질만으로 인간은 행복해질 수 없다는 것이다. 동물은 본성에 따라서만 살기 때문에 물질만 충족되어도 행복을 누릴 수 있다. 그러나 인간은 동물과 전혀 다르다. 물질만으로 행복할 수 없고 정신적인 부분도 함께 충족되어야 진정한 행복이 가능하다. 소크라테스가 강조하는 영혼의 올바름을 무시하고 아무리 물질적 풍요를 추구하더라도 절대 행복을 이룰 수 없다. 그래서 풍요로움을 추구하는 현대의 인간에게 행복이라는 것은 항상 우리 곁에 있는 것 같지만, 금세 신기루처럼 저 멀리 달아나 있다.

소크라테스는 행복을 위해 내적 요인, 즉 정신이나 영혼의 올바름을 강조했다. 즉 행복의 절대적 요건으로 영혼의 정의로움을 지정했다. 영혼의 정의로움은 영혼이 질서와 조화를 이룬 안정된 상태를 의미한다. 소크라테스는 행복을 위해 정신적 요건만을 중시하고 외적 물질이나 환경은 무시했다.

그러나 아리스토텔레스는 행복의 조건에 대해 소크라테스와 의견이 약간 다르다. 아리스토텔레스는 행복을 위해 정신적 요건의 중요성을 인정하지만, 외적 요건도 무시할 수 없다고 주장한다. 즉 물질적 충족이나 우호적인 주변 상황 없이 행복이 달성될 수 있을지 의문이라고 아리스토텔레스는 반문한다. 거처도 없이 굶주린 사람이 마음만으로 행복할 수 없다. 또 주변의 부모, 형제, 친구가 모두 불행한데 자기만 행복할 수 있을까? 그래서 아리스토텔레스는 영혼의 상태가 행복에 매우 중요하지만, 더불어 외적 요건도 같이 충족되어야 진정한 행복을 누릴 수 있다고 말한다. 심지어 친애(우정, philia)도 행복 증진을 위해 필요한 요소라고 주장한다.

행복에 대한 아리스토텔레스의 의견에 상당 부분 공감이 간다. 하지만 오늘날의 문제는 외적인 물질적 요소에 너무 치중하고 오히려 소크라테스의 영혼의 올바름에 대해서는 등한시하는 경향이 심하다. 소크라테스와 아리스토텔레스 모두 동의하는 것처럼 내적인 영혼은 행복을 위해 절대적이다. 외부적 요소는 부차적인 것임을 명심해야 한다. 행복을 위해 영혼의 올바름은 절대적 요건이지만, 우호적인 외적 환경이 주어지면 행복 달성에 더욱 도움이 된다고 이해하면 좋을 것 같다.

요즘 베이비붐 세대의 본격적인 은퇴가 시작되면서 은퇴 후 삶의 설계에 관심이 많은 것 같다. 은퇴 설계에 있어서도 대부분 돈과 관련된 외적 조건들에 관심을 기울인다. 보통 은퇴 후 여행, 골프, 등산 등을 하면서 여생을 보내겠다고 계획하는 사람들이 많다. 또 다른 경우는 귀향을 하거나 해외로 가서 살겠다는 사람들도 있다. 하지만 정신적 · 내적 요인을 충족시키기 위해 지적 체험이나 공부, 연구 등을 하겠다는 사람은 드물다. 즉 내적인 영혼의 충실을 다지면서 말년을 보낼 계획은 세우지 않는 것이다. 그러나 노년의 행복한 삶을 위해 공부를 다시 해보는 것도 매우 좋은 방법이라고 생각한다. 어차피 나이 들면 할 수 있는 것은 공부밖에 없다고 누가 말하지 않았던가.

나는 더 늙어 인생을 마감하기 전에 꼭 한번 근본적인 존재 물음에 대한 답을 찾는 연구에 도전하고 싶었다. 설사 해답에 도달할 가능성이 전혀 없어 보이더라도 도전해 보는 것만으로 충분히 가치 있다고 생각했다. 왜냐하면 공부하고 연구하는 과정에서 인생의 참모습을 좀 더 알게 될 것이고, 인간의 존엄성과 본질에 좀 더 가까이 갈 수 있을 것이기 때문이다.

나이 쉰이 넘어 철학을 공부하겠다고 하니 교수들도 믿기지 않았을 것이다. 무슨 다른 음흉한 목적이 있거나 재미나 심심풀이로 학교에 다니려는 것이려니 생각한 사람도 있었을 것이다. 그러나 2년이 지나 수업 과정을 모두 수료하자 공부의 진정성을 인정해 주는 것 같았다.

어느 날 담당 교수님께서 내게 직설적으로 따져 물었다. 도대체 돈도 안되는 어려운 철학 공부를 왜 하려고 하는지 현실적 이유가 궁금하다는 것이다. 늦게 시작해서 학문적 성공을 기대하기도 어려운데 왜 생소한 분야인 철학을 공부하는지 이해가 안된다고 했다. 철학 공부를 해서 나중에 무엇을 하려고 하는지를 물었다.

나의 대답은 간단했다. 내가 철학 공부를 하는 목적은 철학을 많이 보급하기 위함이다. 평소 물질의 풍요와 철학의 빈곤이 점차 심화되는 현상을 보아 온 나는 철학의 보급만이 인간의 황폐화를 막고 행복을 증진시킬 수 있다고 믿었다. 그래서 사람들이 철학적 사유의 즐거움을 알고 철학에 친숙해지도록 유도할 필요가 있다. 이를 위해서 내가 먼저 철학을 알아야 할 필요가 있었다. 철학이 어떤 것인지 내가 먼저 알아야 보급이나 대중화를 시도할 수 있을 것 같았다. 나의 노력으로 인해서 우리 사회가 철학하는 사람들로 넘치고 그로 인해 행복한 사람이 많아진다면 나의 인생은 헛되지 않는 것이라고 생각했다. 우리 후손들이 살아갈 사회가 지금보다 더 철학과 행복이 가득한 사회가 되도록 만드는 것이 남은 여생 동안 사회에 기여할 수 있는 유일하고도 중요한 길이다.

나의 이런 포부를 들은 교수님께서는 크게 호응을 해 주셨고 나중에 기회가 되면 함께 철학 보급에 힘써 보자고 말씀하셨다. 나는 더 나아가 현재 고교 수업의 중요 과목인 국영수를 국철수로 바꿔야 한다고 말했다. 철학 보급을 위한 제일 좋은 방법은 고교 필수 과목으로 철학을 배우게 하는 것이다. 사실 영어는 필요한 사람만 하면 되고, 굳이 고교 필수 과목으로 하지 않아도 요즘은 자료가 좋아 의지만 있으면 쉽게 영어를 배울 수 있다. 영어 대신 철학을 고교 필수 과목으로 하자는 나의 제안을 교육 당국은 한번 진지하게 생각해 볼 일이다.

생각을 하는 것만으로 인간은 정의롭고 행복해질 수 있다고 이 책은 말하고 있지만, 아직 갈 길은 멀다. 우리 시대에 맞는 정의가 무엇인지 좀 더 논의를 진행해 볼 필요가 있다. 이 책은 그야말로 생각할 마중물을 제공할 뿐이다. 좀 더 생각을 진행시키는 몫은 결국 우리 자신에게 있다. 출발한 이상 우리는 열심히 달려갈 뿐이다.

장세익

1983년 서울대학교 경영학과에 입학했다. 졸업 후 금융회사인 국민리스에
서 10여 년 근무했으며 그 후 알토닉스 상무이사, 휴젤 부사장 등을 거쳤다.
이들 회사에서 금융과 벤처기업 경영에 관한 전문 지식을 쌓았으며 남다른
성과를 남겼다. 나이 쉰에 철학에 뜻을 품고 고려대학교 대학원에 입학해
철학 석사 학위를 받았고, 그 후 중앙대학교 대학원 철학박사 과정에 진학
하였다. 저자는 투자와 경영의 전문가이며 동시에 철학자인 독특한 이력을
소유하고 있다. 철학자 CEO인 저자는 한컴인베스트먼트 대표이사를 역임
했으며 현재는 특허관리전문회사인 인텔렉추얼디스커버리 대표이사로 재
직중이다.

ikejang@hanmail.net

독배와 행복 철학하는 삶을 살다

1판 1쇄 펴낸날 2020년 1월 20일

지은이   장세익
펴낸이   장은성
만든이   김수진
펴낸곳   느티나무책방

출판등록일 2001.5.29(제10-2156호)
주소 (350-811) 충남 홍성군 홍동면 광금남로 658-8
전화 041-631-3914
전송 041-631-3924
전자우편 network7@naver.com
누리집 cafe.naver.com/gmulko

ISBN 979-11-88375-20-2 03100 값 12,000원

느티나무책방은 도서출판 그물코의 문학, 인문학 임프린트입니다.